하나님과 동행하는 첫걸음

저자 백주현

하이지저스

차례

서문

제1장
신앙의 기초를 세우다

01	이 글을 시작하며	14
02	어휘	19
03	질문	27
04	성경에 나오는 지명	35
05	성경이란	39

제2장
삼위일체 하나님을 만나다

06	하나님은 누구이신가	50
07	예수님은 누구이신가	63
08	성령은 어떤 분이신가	79
09	설교문 '하나님의 사랑'	85

제3장
하나님의 말씀을 따르다

10	하나님이 기뻐하시는 삶이란	100
11	주일 성수와 축복에 대하여	116
12	믿음이란 무엇인가	128

제4장
삶 속에서 믿음으로 살아내다

13	쉬지 말고 기도하라	158
14	재물	178
15	고난	193
16	순종은 제사보다 낫다	208

제5장
택함 받은 자, 복을 누리다

17	우리는 다 선택된 자들이다	222
18	중심으로 교회를 섬겨라	243
19	복 받은 이의 삶	252

제6장
살아계신 하나님을 고백하다

20	간증	262

서문

이 글을 읽는 하나님의 자녀들이여!

여러분은 참으로 행복하고 복을 많이 받으신 분들이십니다. 왜냐구요? 하나님의 자녀로 택함을 받아 하나님의 사랑을 늘 누리며 살아가니 말입니다. 우리 인생은 누구를 만나느냐에 따라 많은 영향을 받기도 합니다. 부모님, 학창 시절의 친구들과 선생님, 대학에서 직장에서 만난 교우들과 동료들, 그리고 배우자까지 참으로 소중한 인연들로 여겨지지요. 허나, **가장 복된 것은 하나님을 만났다는 사실일 것입니다.**

아직도 그 날의 기억이 생생합니다. 1966년 8월 21일, 제가 당시 서른 두 살이었을 때 처음 교회에 발을 들였습니다. 그 이후로 해외 방문으로 한국을 떠나 있을 경우를 제외하고는 매주 주일 예배를 드리고 있습니다. 처음 드리는 예배는 참으로 은혜롭고 감격스러운 순간들이 많았습니다. 헌데, 시간이 흐르면서 **설교 중 등장하는 낯선 어휘들이 생기면서 이해하기 어려워졌습니다.** 그 어휘의 뜻을 알았다면 참으로 좋았을 것입니다. 제 믿음이 더 빨리 자랐을 수도, 더욱 은혜로운 시간이 되었을 수도 있었겠다는 아쉬움이 큽니다.

예를 들어 보겠습니다. '메시아', '그리스도', '성육신' 등의 어휘들이 설교에서 자주 사용되는데, 초신자인 제가 그 뜻을 미리 알았더라면 참 좋았을 것입니다. 또한 신약성경, 특히 사도행전에 등장하는 여러 지명(地名)이 그 지명이 현재 스페인인지 튀르키예인지 알 수 있었다면, 성경 속 사건들이 더 잘 이해되고 선명하게 다가왔을 것이라는 아쉬움이 남습니다. 낯선 어휘들이 곳곳에 등장하다 보니 설교의 흐름을 따라가기 어려워졌고, 말씀의 깊이가 점점 멀게 느껴지기 시작했습니다. 물론 제 믿음의 수준이 아주 얕았던 탓도 있겠지만요.

그래서 **믿음을 이제 막 시작하신 분들이나 믿음이 아직 작다고 생각하는 분들을 위해,** 그 분들이 말씀을 이해하고 믿음 생활을 시작하시는 데 조금이나마 도움이 될까 싶어, 처음 말씀을 접하며 어려움을 겪었던 저를 되돌아보며, 이 글을 쓰기로 했습니다. 우리가 처음 교회에 나갔을 때 듣는 설교는 초신자뿐만 아니라 이미 말씀에 익숙한 성도들을 대상으로 하는 경우가 많아, 초신자로서는 때때로 이해가 안 될 때가 많지요.

저는 목사님, 즉 전문적으로 성경을 연구하신 설교자가 아닌 **평신도의 입장에서, 특히 신앙의 첫걸음을 내딛는 분들이 말씀을 보다 쉽게 이해하고 다가갈 수 있도록 돕기 위해 이 글을 씁니다.** 처음 교회에 나선 분들이 어려워할 수 있는 부분이나 어휘들을 제가 직접 설명해 보았으니, 이를 잘 활용하여 더욱 성숙하고 아름다운 신앙생활을 이어가시길 바랍니다. 물론 초신자라고 해서 믿음이 없는 것은 절대 아닙니다. 단지 하나님에 대해 체계적으로 설명하거나 서술하는 데 익숙하지 않을 뿐입니다. 오히려 **초신자 시절 믿음이 더 깨끗하고 순수하기도 합니다.**

기독교에서 '믿음'이란?

〈갈라디아서 2:20〉
"내가 그리스도와 함께 십자가에 못 박혔나니 그런즉 이제는 내가 사는 것이 아니요 오직 내 안에 그리스도께서 사시는 것이라 이제 내가 육체 가운데 사는 것은 나를 사랑하사 나를 위하여 자기 자신을 버리신 하나님의 아들을 믿는 믿음 안에서 사는 것이라"

정말 그렇습니다. 하나님께서는 우리를 너무 사랑하셔서, **그의 아들 예수 그리스도를 십자가에 달아 우리의 죄를 대속 하셨습니다.** 이 진리를 믿는 것이 바로 **우리를 위해 돌아가신 그 예수를 믿는 믿**

음입니다. 초신자 시절, 성령님의 도우심으로 이 사실을 곧바로 받아들인 이들이 얼마나 많았는지 모릅니다.

〈히브리서 10:10-12〉
"10 이 뜻을 따라 **예수 그리스도의 몸을 단번에 드리심으로 말미암아 우리가 거룩함을 얻었노라**
11 제사장마다 매일 서서 섬기며 자주 같은 제사를 드리되 이 제사는 언제나 죄를 없게 하지 못하거니와
12 오직 그리스도는 (우리) 죄를 위하여 한 영원한 제사를 드리시고 (중략)"

저는 컴퓨터나 인터넷 사용에 서툴러 남의 글을 참고하지 못했습니다. 사실 이 글을 특별히 준비하려던 것은 아니지만, 우리 홍제동교회가 세워진 지 40년 전부터 지금까지, **성경 말씀을 읽거나 설교를 들으며 꼭 기록해 두고 싶었던 말씀들과 성경 구절들을 노트에 적어왔습니다. 그 노트를 다시 보니 신비함과 감동이 밀려옵니다. 성령님께서 준비시키신 것으로 생각하고**, 그 소중한 기록을 바탕으로 제 나름대로 평이하게 풀어보려고 노력하며 이 글을 준비했습니다.

한 예로, 제가 처음 '주기도문'을 들었을 때입니다. 주기도문은 "하늘에 계신 우리 아버지여, 이름이 거룩히 여김을 받으시오며, **나라이** 임하옵시며, 뜻이 하늘에서 이룬 것 같이 땅에서 이루어지이

다. 오늘날 우리에게 일용할 양식을 주시옵고, 우리가 우리에게 죄지은 자를 사하여 준 것 같이 우리 죄를 사하여 주시옵고, 우리를 시험에 들지 말게 **하옵시고**, 다만 악에서 구하옵소서. **대개** 나라와 영광이 아버지께 영원히 있사옵나이다. 아멘"입니다.

처음 주기도문을 들었을 때, 그중 '나라이'라는 표현이 어딘가 어색하게 느껴졌습니다. 혹시 '나라에'가 맞는 것이 아닐까 생각도 했습니다. 사실 올바른 표현은 '나라가'입니다. 하지만 이 표현을 고치는 데는 수십 년, 아니 오랜 세월이 걸렸습니다. 왜 그렇게 어려웠는지는 저도 잘 알고 있지만, 그 이유는 굳이 말씀드리지 않겠습니다.

그럼 왜 '나라이'라고 썼을까요? 예를 들어 '감', '떡', '콩'은 각각 '감이', '떡이', '콩이'로 표현되죠. 반면, 받침이 없는 단어는 '이'가 아니라 '가'가 맞습니다. 그래서 '열매', '나라', '사과'는 각각 '열매가', '나라가', '사과가'라고 쓰입니다. 그런데 과거에는 우리말에 'ㅎ' 받침이 있는 단어들이 꽤 있었습니다. 그래서 원래는 '나라히'가 맞았습니다. 하지만 어느 순간부터 'ㅎ' 받침이 사라졌고, 그럼에도 불구하고 관습적으로 '나라이'라는 표현이 남아 사용된 것입니다. 사실, 'ㅎ' 받침은 여전히 남아 있는 경우도 있습니다. 예를 들어, '암놈, 숫놈'할 때 '암'이 '개(犬)'와 결합하면 '암ㅎ개'가 '암캐'로 발음되고, '안·밖(內·外)'의 '안(內)'도 '밖(外)'과 결합하면 '안ㅎ밖'이 '안팎'으로 발음됩니다. 그래서 구찬송가집 머리에 관습

대로 '나라이'로 쓰였던 것입니다.

두 번째로 아주 이상하게 느껴졌던 단어는 '대개'였습니다. 오늘날 우리가 사용하는 '대개'는 '대략'이나 '대강'이라는 의미로 쓰입니다. 예를 들어, '대개 끝냈다', '대개 요즈음 학생들은...'처럼 말이죠. 그래서 구 주기도문에 등장하는 '대개'는 현재의 뜻으로는 전혀 맞지 않다고 느꼈습니다. 성경을 잘 아시는 은사님께 여쭤보니, 원문을 보면 그 자리에는 '왜냐하면'이라는 의미가 들어가야 했다고 하시더군요.

또 하나 말씀드리고 싶은 점은, 이 글을 쓰면서 **초신자와 평신도들이 쉽게 이해할 수 있도록 성경 구절을 가능한 한 많이 담으려고 노력했다는 것입니다**. 제 해석보다는 성경 말씀을 그대로 전하는 데 중점을 두었습니다. 강조해서 말씀드리면, 어떤 내용을 온전히 이해하기 위해서는 성경의 해당 장 전체를 읽어야 하는 경우가 많습니다. 그러나 그 전문 양이 길어 이 책에 다 담을 수 없기에, 다 옮기지 못한 부분들이 많습니다. 그렇기에 독자분들께서는 꼭 그 해당 **성경의 전문을 꼭 읽어보시길 권합니다.**

항상 하나님의 말씀과 명령에 따라 살려고 애쓰고 회개하며 기도에 힘쓰다 보면, 어느 순간 **"항상 기뻐하라. 쉬지 말고 기도하라. 범사에 감사하라"**는 말씀을 조금씩 실천하게 됩니다. 그러다 보면 나도 모르게 '평강과 감사'가 넘치는 삶을 살아가게 되는 것이지요.

믿음이 깊다는 것은 이런 평강과 감사 속에서 사는 것이며, 믿음이 좋다는 것은 하나님의 말씀에 잘 순종하는 삶이라고 감히 말씀드리고 싶습니다. 하나님만을 온전히 의지하는 삶이죠. 하나님의 말씀을 기준으로 삼고, 거룩하고 정직한 삶을 살아가는 것이야말로 믿음이 좋은 삶이라고 생각합니다. 일이 잘 풀린다고 교만해지지도 않고, 어려움이 찾아와도 낙심하지 않으며, 모든 것을 **주님께 맡기고 의지하는 삶이 진정 믿음이 좋은 사람의 태도**가 아닐까요.

강조해서 말씀드리고 싶습니다. 성경 읽기를 꾸준히 하십시오. 믿음이 자라고 하나님의 자녀답게 살기 위해서는 반드시 성경을 읽어야 합니다. 그래야만 믿음이 깊어지고, 하나님께서 기뻐하시는 삶을 살아갈 수 있습니다. 또한, **'항상 기도하라'**를 실천하십시오. 우리의 영혼이 올바르게 움직이기 위해서는 기도 외에는 방법이 없습니다. **기도는 영혼의 호흡입니다.** 이 말씀을 전하며 서문을 마치겠습니다.

〈출애굽기 20:6〉
"나를 사랑하고 내 계명을 지키는 자에게는 천 대까지 은혜를 베푸느니라"

〈욥기 23:10〉
"그러나 내가 가는 길을 그가 아시나니 그가 나를 단련하신 후에는 내가 순금같이 되어 나오리라"

〈갈라디아서 6:7-9〉

"7 스스로 속이지 말라 하나님은 업신여김을 받지 아니하시나니 사람이 무엇으로 심든지 그대로 거두리라
8 자기의 육체를 위하여 심는 자는 육체로부터 썩어질 것을 거두고, 성령을 위하여 심는 자는 성령으로부터 영생을 거두리라
9 우리가 선을 행하되 낙심하지 말지니 포기하지 아니하면 때가 이르매 거두리라"

〈요한계시록 1:3〉
"3 이 예언의 말씀을 읽는 자와 듣는 자와 그 가운데 기록한 것을 지키는 자는 복이 있나니 때가 가까움이라"

이 서문을 마치며 한 말씀 더 드리고 싶습니다. 이 글은 제 믿음의 수준에서 쓴 것이기에, 목사님들의 관점에서 보면 부족한 부분이 많을 것입니다. 이 글을 준비하면서 유승삼 목사님의 많은 도움을 받았습니다. 깊은 감사의 말씀을 드립니다.

2022. 1. 백주현

제1장
신앙의 기초를 세우다

"모든 성경은 하나님의 감동으로 된 것으로
교훈과 책망과 바르게 함과 의로 교육하기에 유익하니"

디모데후서 3:16

01　이 글을 시작하며
02　어휘
03　질문
04　성경에 나오는 지명
05　성경이란

01
이 글을 시작하며

이 글을 읽는 분들께 제 믿음 생활의 한 부분을 나누고 싶어 조심스레 펜을 들었습니다. 성경을 읽거나 설교를 들을 때 많은 은혜로운 말씀들을 접했지만, **그 말씀이 저의 마음에 오래 남아 있는 경우는 많지 않았습니다.** 그런데 시간이 지나도 몇몇 성경 말씀은 저의 신앙생활에 깊이 각인되어 큰 영향을 주었습니다. 그래서 이 글을 통해 여러분도 저처럼 **그 말씀들을 오래 간직하고, 신앙생활에 큰 힘이 되시길 바라는 마음에서** 적어 보았습니다. 이 글을 쓰게 된 이유입니다.

처음 신앙생활을 시작한 후 한동안은 **마태복음 6장**의 말씀이 제 뇌리에 깊이 박혀 있었습니다.

⟨마태복음 6:24, 26, 33⟩
"24 한 사람이 두 주인을 섬기지 못할 것이니 혹 이를 미워하고 저를 사

랑하거나 혹 이를 중히 여기고 저를 경히 여김이라 너희가 **하나님과 재물을 겸하여 섬기지 못하느니라**

26 공중의 새를 보라 심지도 않고 거두지도 않고 창고에 모아들이지도 아니하되 너희 하늘 아버지께서 기르시나니 너희는 이것들보다 귀하지 아니하냐

33 그런즉 너희는 먼저 **그의 나라와 그의 의를 구하라** 그리하면 이 모든 것을 너희에게 더하시리라"

또 한동안은 **마태복음 7장**의 말씀이 제 마음 속에 깊이 자리 잡고 있었습니다.

〈마태복음 7:7-11〉
"7 **구하라** 그리하면 너희에게 주실 것이요 찾으라 그리하면 찾아낼 것이요 **문을 두드리라** 그리하면 너희에게 열릴 것이니
(중략)
9 너희 중에 누가 아들이 떡을 달라 하는데 돌을 주며
10 생선을 달라 하는데 뱀을 줄 사람이 있겠느냐
11 너희가 **악한 자라도 좋은 것으로 자식에게 줄 줄 알거든 하물며 하늘에 계신 너희 아버지께서 구하는 자에게 좋은 것으로 주시지 않겠느냐**"

그러나 시간이 흐르고 어느 순간부터는 **시편 139편** 말씀이 제 머릿속에 늘 자리 잡고 있습니다. 늘 **이 말씀이 저를 꽉 붙들고 있습니다.**

〈시편 139:2-4〉
2 주께서 내가 앉고 일어섬을 아시고 멀리서도 나의 생각을 밝히 아시오

며

3 나의 모든 길과 내가 눕는 것을 살펴 보셨으므로 나의 모든 행위를 익히 아시오니

4 여호와여 내 혀의 말을 알지 못하시는 것이 하나도 없으시니이다

어느 날, 안암동에 있는 교회 목사님께서 우리 교회에 오셔서 말씀을 증거하셨습니다. 그 말씀은 **평생 저에게 깊은 인상을 남겼고, 기도에 더욱 힘쓰며 교회를 잘 섬기려는 마음**을 일으켰습니다. 목사님께서는 자신이 어린 시절, 아버지께서 이북의 한 시골교회 장로로 섬기셨다는 **간증을 하셨습니다.** 그 교회는 담임목사님이 없고 순회목사님이 오시면, 아버지께서 매우 어려운 형편 속에서도 최선을 다해 섬기셨다고 하셨습니다. 특히 순회목사님을 대접할 때는 고기 등 풍성한 음식을 항상 준비하셨다는 것입니다. 그 당시 어린 목사님은 원망도 하셨다고 합니다. 왜냐하면 가난한 집에서 형편이 어려웠는데도 아버지께서 그렇게 대접을 하셨기 때문이었답니다.

그런데 그 목사님 당신은 지금, 삼 남매 중에서 큰 형님은 미국 한인교회 중 가장 큰 교회를 섬기고 계시고, 매형은 한국에서 큰 교회를 맡아 잘 성장시키고 있다고 말씀하셨습니다. 당신은 몸이 약해 새벽기도회도 인도하지 못하는데, 그래도 교회는 잘 성장하고 있다고 하셨습니다. 그분은 큰 교회가 반드시 하나님의 복을 많이 받는 교회라고 할 수는 없지만, **당신 아버지께서 늘 기도하시며 최선을 다해 교회를 섬기셨기 때문에** 당신 삼남매가 교회를 잘 섬기게 된

것이라고 당신은 믿고 있다고 하시더군요. 그 간증은 제 마음에 깊은 감동을 주었고, 지금까지 상당히 인상적으로 남아 있습니다.

〈출애굽기 20:6〉
"나를 사랑하고 내 계명을 지키는 자에게는 천 대까지 은혜를 베푸느니라"

저도 40대부터는 새벽기도회에 빠지지 않고 힘껏 교회를 섬기고 있습니다. 그 과정에서 가끔 새벽 3시 30분경부터 한 시간 정도 후임 목사님 모시는 문제로 기도했던 시기가 있었습니다. 드물게 기도했던 때였죠.

그러던 어느 날, 노회 강도사님들의 목사 안수식에 참석했는데, 한 목사님께서 축하 말씀 중 간곡히 부탁하시는 내용이 있었습니다. "목사는 새벽기도회 외에, 별도로 혼자 새벽기도회에 나가기 전 반드시 한 시간 가량 기도하라"고 말씀하시더군요. 그 말씀이 제 마음에 깊이 새겨졌습니다.

저도 **그 말씀이 가슴에 와 닿아 벌써 10년째** 새벽기도회 전에 먼저 성경 한 장을 읽고, **집에서 간절히 기도한 후 새벽기도회에 참석하고 있습니다.** 교만해서가 아니라 감사하는 마음으로 이렇게 고백하고 있습니다. 감히 부탁드립니다. 여러분도 이 글에 나오는 말씀들 중 어느 하나라도 마음에 깊이 새겨, 평생 교회를 잘 섬기시기를 기도하며 이 장을 마칩니다. 강조해서 부탁드립니다. 이 책에 나오는 성경구절 중 어느 하나를 꼭 마음에 새기고, 그 말씀을 붙들고 살아가시기를 빕니다. 그런 마음을 갖게 하는 것도 성령님의 도우심 없이는 불가능한 일입니다. **기도하며 간구하십시오. 기도하며 이 글을 썼습니다. 감사합니다.**

참고) 가능한 한 편집된 순서대로 읽으시기를 권장 드립니다. 특히 09 '**하나님의 사랑**'이라는 설교문은 천천히, 여러 번 반복해서 읽으시기를 바랍니다.

02
어휘

제가 처음 교회에 나가 설교 말씀을 들을 때 낯선 '어휘(낱말)'를 접하면 그 설교 내용이 잘 이해되지 않아 아쉬움이 컸다고 말씀 드렸지요. 그래서 어휘들을 정확히 아는 것이 중요하다고 생각되어, 이 '어휘'란을 마련하게 되었습니다.

공생애(公生涯)
예수님께서 세례 요한에게 세례를 받으신 후 십자가 위에서 죽고 부활하시기까지의 기간 동안의 생애.

〈누가복음 3:23〉
"예수께서 가르치심을 시작하실 때에 삼십 세쯤 되시니라 (중략)"

구속(救贖)
예수가 십자가에 못 박혀 인류의 죄를 대속(代贖)함으로써 인류를 구원함.

구원(救援)

인류를 죄악과 고통, 죽음에서 건져 냄. 그리하여 천국에서 영원히 살게 함.

그리스도

'기름 부음을 받은 자'란 뜻으로, 히브리어 '메시아'(Messiah)를 헬라어로 번역한 말. '예수'에 대한 칭호. '왕(王)', '구세주'라는 뜻임. '기독교(基督敎)'라는 말은 '기독=그리스도(예수)'를 믿는 교(敎)라는 뜻.

대속(代贖)

① 예수가 십자가에 못 박혀 죽음으로써 보혈로 만민의 죄를 대신 씻어 구원한 일.
② 남의 죄를 대신하여 당하거나 죄값을 치름.

대속물(代贖物)

노예를 해방시키거나 석방시키기 위해 쓰이는 몸값을 뜻함. 속전(贖錢)이라 함.

메시아

그리스도를 히브리어로 메시아(Messiah)라고 함. '기름 부음을 받은 자'라는 뜻인데, 구약성서에서 '장차 오실 왕으로서의 구세주',

신약성서에서 '예수 그리스도'를 가리키는 칭호. 구세주.

모퉁잇돌

초석. 교회의 주춧돌, 즉 교회의 근본적인 존재이자 중심이라는 뜻으로 예수를 비유.

보혜사(保惠師)

'성령님'을 가리키는 표현으로, 원래 헬라어로는 '파라클레토스(paraklētos)'라는 단어에서 유래하며, **'위로자', '대언자', '중보자'**, 또는 '도움자'로 번역될 수 있음. 이 표현은 예수님 자신도 보혜사임을 함축. 예수님께서 성령님에 대해 구체적으로 말씀하신 구절들이 요한복음에는 여러 차례 기록되어 있음.

〈요한복음 14:16, 17, 26〉
"16 내가 아버지께 구하겠으니 그가 또 다른 **보혜사**를 너희에게 주사 영원토록 너희와 함께 있게 하리니
17 그는 진리의 영이라 세상은 능히 그를 받지 못하나니 이는 그를 보지도 못하고 알지도 못함이라 그러나 너희는 그를 아나니 그는 너희와 함께 거하심이요 또 너희 속에 계시겠음이라
26 **보혜사 곧 아버지께서 내 이름으로 보내실 성령** 그가 너희에게 모든 것을 가르치시고 내가 너희에게 말한 모든 것을 생각나게 하리라"

예수님께서는 보혜사 성령에 대해, 아버지께서 보내신 보혜사 성령이 영원히 제자들과 함께하시며, 예수님을 증거하는 일을 돕는

구체적인 사역에 대해 말씀하십니다. 진리의 성령께서는 세상의 죄와 의와 심판에 대해 책망하시고, 제자들을 진리 가운데로 인도하십니다.

〈요한복음 16:8, 13〉
"8 그가 와서 죄에 대하여, 의에 대하여, 심판에 대하여 세상을 책망하시리라
13 그러나 진리의 성령이 오시면 그가 너희를 모든 진리 가운데로 인도하시리니 그가 스스로 말하지 않고 오직 들은 것을 말하며 장래 일을 너희에게 알리시리라"

사(赦)하다

(허물이나 지은 죄를) 용서하다. 예를 들어, '죄를 사하다'라고 표현.

삼위일체(三位一體)

성부(聖父), 성자(聖子), 성령(聖靈)의 세 위격(位格)이 하나의 실체인 하나님이시다.

· 성부(聖父) : 하나님
· 성자(聖子) : 예수 그리스도
· 성령(聖靈) : 하나님의 영

그 중 '성령'을 이해하는 것이 매우 어렵습니다. 그러나, 어린이에게 삼위일체는 어렵지 않습니다. 무조건 '성령'이 있다고 믿기 때문

입니다.

성도(聖徒)

기독교 신자의 준말. 예수의 길을 따르려는 무리(사람). 예수님의 삶을 목표로 삼고 그 가르침을 따라 살아가는 사람들을 의미. 성도는 하나님께서 구원하신 백성으로, 세상에서 하나님의 뜻을 실천하며 살아가는 이들입니다.

성육신(成肉身)

하나님께서 인간의 죄를 사(용서)하시기 위해 독생자 예수님이 인간의 모습으로 태어나신 사건을 의미.

〈요한복음 1:14〉
"말씀이 육신이 되어 우리 가운데 거하시매 우리가 그의 영광을 보니 아버지의 독생자의 영광이요 은혜와 진리가 충만하더라"

세례(洗禮)

기독교에서 인간의 모든 죄를 씻고, 예수님과 하나가 되었으며 새로운 사람이 되었다는 표로 행하는 기본 예식.

속량(贖良)

① 속죄와 같은 뜻. 아래 '속죄' 참고
② 몸값을 받고 노예의 신분을 풀어 주어 자유인이 되게 함.

속죄(贖罪)

예수가 인류의 죄를 대신하여 십자가에 못 박혀 죽음으로 인류의 죄를 대속한 일.

시온

하나님이 계신 곳을 일컫는 말로 성전이 있는 예루살렘을 주로 지칭. 어두운 암흑 세상에 구원을 전파하는 중심지를 뜻하며, 하나님의 나라와 그의 통치가 이루어지는 장소로 해석되기도 함.

언약(言約)

〈예레미야 11:4〉
"이 언약은 내가 너희 조상들을 쇠풀무 애굽 땅에서 이끌어내던 날에 그들에게 명령한 것이라 곧 내가 이르기를 너희는 내 목소리를 **순종하고 나의 모든 명령을 따라 행하라 그리하면 너희는 내 백성이 되겠고 나는 너희의 하나님이 되리라**"

역사(役事)

하나님이 행하신 일을 의미하는 용어로, 성경에서 말하는 '역사'는 인간 역사와는 다른 차원의 신적 행위나 권능을 말함. 예를 들어, '하나님의 권능과 역사'란, 성경 속에서 하나님이 직접 행하신 구속 사역, 기적, 하나님의 뜻이 이루어지는 사건들을 지칭.

유월절(踰越節)

이스라엘 민족이 애굽(이집트)에서 탈출한 것을 기념하는 유대교의 중요한 명절로, 하나님께서 이스라엘 백성을 애굽의 종살이에서 구원하신 사건을 기념. 유월절은 유대교 3대 절기(오순절, 초막절, 유월절) 중 하나임.

은혜(恩惠)

받을 자격이 없는 사람에게 하나님께서 베푸신 공짜의 선물이나 혜택을 의미.

〈고린도전서 3:10〉
"내게 주신 하나님의 은혜를 따라 (중략)"

이방인(異邦人)

원래의 뜻은 다른 나라 사람, 이국인, 타국인 등을 의미. 성경에서는 유대 민족이 자신들을 하나님께 선택된 선민으로 여기고, 그 외의 모든 민족을 이방인으로 구별하며 이들을 얕잡아 보았던 표현으로 사용되었음.

적그리스도

그리스도 대적자(antichrist). 그리스도를 대적하는 세력 또는 그리스도의 권위와 영광을 침해하는 영을 말함.

중보(仲保)

하나님과 사람 사이를 화해시키고, 교제를 유지시키도록 하는 일

중보자(仲保子)

예수 그리스도는 하나님과 사람 사이를 화해시키고, 교제를 유지

시키는 중보자의 역할을 하심. 중보자는 두 당사자 간의 갈등을 해결하고 화목하게 만드는 역할을 맡은 인물이나 존재를 의미.

호산나

'우리를 구원하소서' 또는 '우리가 기도하나이다'라는 의미를 지닌 히브리어 '호쉬아냐'에서 나온 말. 이 단어는 본래 구원과 구출을 간구하는 의미로 사용되었음. 신약 성경에서는 예수님께서 예루살렘에 입성하실 때 군중들이 "호산나"를 외치며 그분을 환영한 장면에서 특히 잘 알려져 있으며, 이때 "호산나"는 단순한 외침이 아니라 예수님께서 구속자로서의 역할을 수행해 주시기를 간절히 바라는 기도의 의미가 담겨 있었음.

〈마태복음 21:15〉
"대제사장들과 서기관들이 예수께서 하시는 이상한 일과 또 성전에서 소리 질러 호산나 다윗의 자손이여 하는 어린이들을 보고 노하여"

회개(悔改)

잘못을 뉘우치고 고침. 가던 길을 멈추고 다른 길로 가는 것. 즉 자신의 죄나 잘못된 행동을 반성하고 그 길을 멈추고 방향을 바꾸는 것. 회개는 단순히 후회하는 것이 아니라, 죄를 떠나 하나님께 돌아가려는 결단과 실천을 포함. 기독교에서 회개는 죄에서 돌이켜 하나님과의 관계를 회복하려는 중요한 과정.

03
질문

1. 왜 '예수님'의 이름으로 기도하는가?

〈요한복음 15:16〉
"(중략) 내 이름으로 아버지께 무엇을 구하든지 다 받게 하려 함이니라"

〈요한복음 16:23, 24〉
"23 그 날에는 너희가 아무 것도 내게 묻지 아니하리라 내가 진실로 진실로 너희에게 이르노니 **너희가 무엇이든지 아버지께 구하는 것을 내 이름으로 주시리라**
24 지금까지는 너희가 내 이름으로 아무 것도 구하지 아니하였으나 구하라 그리하면 받으리니 너희 기쁨이 충만하리라"

믿는 이들은 예수님의 이름으로 구하고, 하나님께서는 그 이름으로 응답하십니다. 이는 하나님께서 믿는 이들의 기도를 들으시는 이유가, 예수님께서 그들을 위해 이루신 구원의 공로 때문이기 때문입니다.

2. 왜 찬송가에는 '아멘'이 있기도 하고 없기도 하는가?

'아멘'은 '옳습니다', '말씀대로 이루어 주소서'라는 의미를 담고 있습니다. 한국 찬송가에 '아멘'이 사용되기 시작한 것은 1930년대 이후입니다. 선교 초기인 1890년대부터 1930년대까지는 찬송가 끝에 '아멘'이 없었으나, 1930년대 이후 찬송가 편집 시 일부에 추가되었고, 시간이 지나면서 그 수가 점차 늘어났습니다.

3. 성경 각 장의 첫머리에 있는 '소제목(표제)'은 성경 편집 당시 썼는가? 아니면 오늘날 우리나라에서 성경을 번역할 때 추가된 것인가?

성경 원본에는 소제목이 없습니다. 이는 후세에 독자들을 위해 추가된 것입니다.

4. 창세기 이후, '신명기', '민수기', '역대기' 등은 해석이 어렵습니다.

신명기(申命記)

신명기는 '거듭하다'를 뜻하는 '신(申)'과 '명령' 또는 '계명'을 뜻하는 '명(命)'으로, '하나님의 계명을 되풀이한 것'이라는 의미를 지닙니다. 출애굽기와 레위기에서 주어진 계명을 다시 설명한 책이지만, 단순히 동일한 내용을 반복한 것은 아닙니다. 출애굽 당시 1

세대에게 출애굽기와 레위기의 계명이 주어졌다면, 신명기는 광야 40년이 지난 후 요단 강 건너 모압 평지에 있던, 광야에서 태어나거나 자란 새로운 세대에게 모세가 죽기 전 마지막으로 전한 고별 메시지처럼 율법을 다시 가르친 것입니다.

민수기(民數記)

민수기는 출애굽 후 두 달이 지나 시내산에 도착한 시점부터 성막을 짓고 광야 40년을 거쳐 요단강을 건너기 직전까지의 과정을 기록한 책입니다. 이 기간은 하나님께서 주신 율법에 따라 살아가는 연습을 한 시기입니다. 민수기라는 이름은 두 번의 인구조사에서 유래했습니다. 첫 번째는 출애굽한 1세대를 대상으로 한 조사이고, 두 번째는 그 세대가 모두 죽은 후, 가나안 땅에 들어가기 전에 새롭게 인구를 조사한 것입니다.

역대기(歷代記)

역대상(역대기)은 열왕기상과 내용이 매우 유사하지만, 쓰여진 시기와 대상이 다릅니다. 열왕기상은 이스라엘이 바벨론에 포로로 잡혀가기 직전, 하나님의 계명(신명기)을 지키지 않아 망해가는 이스라엘 왕들의 역사를 기록한 책입니다. 이는 이스라엘이 계명을 따르지 않아 저주를 받아 멸망하는 과정을 보여줍니다.

반면, 역대기는 바벨론 포로 생활을 마치고 예루살렘으로 돌아온 이스라엘 백성에게 쓰였습니다. 과거 자신들의 과오를 반성하고, 하나님과 약속을 맺은 민족으로서 하나님과의 언약을 다시 세워 유일신 하나님을 섬기기를 독려하고 용기를 주고자 쓰였습니다. 열왕기상이 이스라엘이 계명을 어겨 망했다는 증거라면, 역대상은 회개하고 다시 하나님의 계명에 순종하며 살겠다는 결심을 촉구하는 책입니다.

5. 공관복음(共觀福音)이란 무엇인가요? 요한복음은 왜 포함되지 않았나요?

공관복음은 '같은 관점에서 쓰인 복음서'라는 뜻으로, 마태, 마가, 누가 세 저자의 예수님을 바라보는 관점이 비슷하며 중복되는 내용이 많고, 기록된 시기도 주후 30년 전후로 유사합니다. 특히 마가복음은 마태복음과 내용이 거의 동일할 정도로 유사합니다.

반면 요한복음은 1세기 말에 기록되었으며, 당시 로마 황제 숭배가 본격화되면서 '예수님이 하나님이냐, 가이사가 하나님이냐'를 두고 교회가 핍박을 받던 시기였습니다. 요한복음이 공관복음에서 제외된 이유는 요한의 관점이 다소 달랐기 때문입니다. 요한은 예수님이 하나님이시라는 점에 중점을 두어 증언했으며, 마태, 마가, 누가와는 사뭇 다른 관점으로 예수님을 바라보았습니다.

6. 사람이 죽으면 어디로 가는가? 특히 믿는 자가 죽으면 어디로 가는

가?

사람이 죽으면 그 영혼은 즉시 천국 또는 지옥으로 갑니다. 믿는 자가 죽으면 그 영혼은 즉시 천국으로 들어가며, 예수님께서 재림하실 때 흙으로 돌아간 우리의 육체도 부활하게 됩니다.

7. 예수를 믿어야 구원받는다. 그렇다면, 아주 예전 우리나라에 복음이 전해지기 전 사람들은 어떻게 되는가?

예수님에 대해 들어본 적이 없는 사람이라도, 인간은 본성적으로 예수님을 믿지 않고 거부하거나 미워하기도 합니다. 예수님을 믿고 안 믿고의 여부는 단순히 그분에 대해 들어보았는지 아닌지에 따라 결정되는 것이 아니라, 각 **개인의 영적인 문제**입니다. 성경은 사람은 태생적으로 예수님을 믿지 않고 싫어하는 하나님과 원수 관계에 있다고 말합니다. 그러나, **예수님을 듣지 못하고 죽은 사람이 모두 지옥에 가는 것은 아닙니다.** 이 문제는 하나님께서 결정하시는 전적인 하나님의 권한에 속한 일입니다. 천국에 갈 사람이 억울하게 지옥에 가거나, 지옥에 갈 사람이 운 좋게 천국에 가는 일은 없습니다. 우리는 역사 속 인물의 구원 여부를 걱정할 것이 아니라, 현재의 나를 걱정하면 됩니다. 또한 성경은 하나님께서 모든 사람에게 하나님을 알만한 것을 주셨다고 말합니다.

〈로마서 1:19-20〉
"19 이는 하나님을 알만한 것이 저희 속에 보임이라 하나님께서 이를 그

들에게 보이셨느니라

20 창세로부터 그의 보이지 아니하는 것들 곧 그의 영원하신 능력과 신성이 그가 만드신 만물에 분명히 보여 알려졌나니 그러므로 저희가 핑계하지 못할지니라"

8. 성경에 나오는 수많은 사건을 누가 어떻게 알고 기록했나요? 사건이 일어난 그때 그 장소에 기록자가 있지 않았을 텐데 말입니다.

창세기 1, 2장만 보더라도, 첫 인간인 아담이 태어나기 전의 일이므로, 그가 직접 보고 기록할 수 없었습니다. 이는 하나님만이 알 수 있는 일이었으며, 따라서 **하나님께서 알려주셔야만 가능하다는** 뜻입니다. 이를 '**계시**'라고 합니다. 이렇게 하나님께서 직접 계시하신 내용을 신실한 종들을 통해 구전으로 전해지게 하셨고, 나중 어느 때엔가 기록으로 남겨서 대대로 이어지게 하신 것입니다. **성경의 상당히 많은 부분은 하나님께서 알려주시지 않으면 기록할 수 없는 내용이었습니다.** 성령의 영감을 받은 사람 저자들이 이를 기록했고, 이 기록은 여러 사본으로 옮겨져 전해졌습니다. 현재 우리가 보고 있는 성경은 이러한 사본들을 서로 비교하여, 지금은 다 사라지고 없는 원본 성경에 가까운 일명 추정 원본 성경을 우리말로 번역해서 보고 있는 것입니다.

9. 성경은 성령의 감동으로 쓰여졌다는 근거를 알려주십시오.

성경이 성령의 감동으로 쓰여졌다는 근거는 여러 곳에서 찾을 수 있습니다. 예수님께서 복음서에서 구약 성경을 인용하시며, 아담의 결혼식 주례로 하나님께서 하신 말씀이나, 노아, 소돔과 고모라, 아브라함, 엘리야, 이사야, 다윗, 요나, 말라기 등 구약의 다양한 인물과 사건을 언급하셨습니다. 구약 성경이 사실이 아니거나 믿을 수 없다고 한다면, 예수님께서 그것을 인용하셨을 리가 없습니다. 무엇보다 말씀으로 오신 예수님 자신이 성경의 진정성을 보증하십니다. **말씀이신 예수님 자신이 영으로 하신 말씀이 성경**이고, 그분이 오셔서 이를 말씀하셨기 때문입니다.

또한, 성경 전체가 성령의 감동으로 기록되었음을 나타내는 대표적인 구절은 디모데후서 3장 16절입니다. 이 구절은 성경이 하나님의 영감(성령의 감동)으로 쓰여졌음을 명확히 밝히고 있습니다.

〈디모데후서 3:16〉
"모든 성경은 하나님의 감동으로 된 것으로 교훈과 책망과 바르게 함과 의로 교육하기에 유익하니"

10. 마가복음 3장 29절에 "누구든지 성령을 모독하는 자는 영원히 사하심을 얻지 못하고 영원한 죄가 되느니라 하시니"에서 왜 "성령을 모독하는 자"라고 했나요? 무엇을 모독이라고 하나요?

성령을 모독하는 자는 무엇이 진리인지 분명히 알고 있으면서도, 예수님을 보고 알고도 고의로 악의적인 거짓말을 할 뿐 아니라 예수님께서 행하시는 일을 마귀의 장난이라고 하며 의도적으로 거부

하고 하나님을 대적하는 자입니다. 이들은 로마서 1장 18절에 **"불의로 진리를 막는 사람들"**이라고 하고, 로마서 2장 8-9절에는 **"당을 지어 진리를 따르지 아니하고 불의를 따르는 자"**, "악을 행하는 자"라 언급됩니다. 그러나 교회나 목사의 잘못을 지적하고 회개를 촉구하는 사람들을 성령을 모독하는 자라고 하진 않습니다.

04
성경에 나오는 지명

1. '신약'에 나오는 '지명(地名)'은 현재 어느 '나라/지역'에 해당되며, 어떻게 나오게 된 지명인가요?

고린도: 고대 그리스의 도시국가로, 현재 그리스 중남부의 펠로폰네소스 반도에 위치.

가이사랴: 욥바와 두로 사이에 지중해 연안에 위치한 도시. 현재의 터키 '하타이' 지역에 해당.

그레데: 지중해에서 가장 큰 섬 중의 하나로, 현재의 그리스 섬 '크레타'(Crete)로 불리며, '칸디아' 또는 '끄리띠'로도 불리움.

다시스: 고대의 타르테수스로 추정되며, 현재 스페인 남부의 지브롤타 해협 근처에 위치.

데살로니가: 현재 그리스의 도시인 '테살로니키'에 해당.

마게도니아: 현재 그리스 반도 북쪽 지방으로, 빌립보, 데살로니아, 뵈뢰아 등이 위치한 전체 지역.

멜리데섬: 말타라고도 불리우고 성경에 나온 대로 멜리데라고도 불리우는, 시실리아와 아프리카 사이의 지중해에 위치.

베니게: 현재 레바논 수도 베이루트의 남쪽 지역.

빌립보: 현재의 필립비로, 그리스 북쪽 네압볼리에서 로마로 가는 고대도로인 에그나티아 길을 따라 북서쪽 약 16km 떨어진 레카니스 산에 위치한 바실리카 지역.

수리야: 현재 터키의 '하타이' 지역에 해당.

아시아: 소아시아 지역으로, 흑해와 지중해의 동쪽 지역 사이에 위치한 반도를 가리킴.

안디옥: 현재 터키의 소도시인 얄바츠 지역에 해당.

에베소: 에게해 연안에 위치한 고대 에페수스로 알려진 도시로, 현재 터키의 셀축이라는 도시.

2. 구약에 나오는 지명

아시아: 고대 문명의 중심지인 그리스 동쪽 땅을 아시아라고 하며, 성경에서는 특별히 소아시아로 언급되는데, 오늘날 이 지역은 터키 서쪽 해안가 지방들에 해당.

바벨론: 현재 이라크 바빌 주 힐라에 위치한 유적지로, 바그다드에서 남쪽으로 약 80km 떨어진 곳에 위치.

중간이지만 간증을 씁니다. 요즘 '**우리 몸은 성령이 계신 성전**'이라는 말씀이 제게 매우 절실하게 다가옵니다. 이 말씀이 성경에 분명히 기록되어 있습니다. 하나님께서 우리에게 의지를 주셨고, **의지가 있는 인격체로** 만드셨습니다. 어떤 일이나 사명을 생각나게 하실 때, 그 일을 할 것인지 말 것인지는 바로 내 '의지'에 달려 있다고 생각합니다. 하나님께서는 우리가 깨닫기를, 알기를 기다리고 계십니다. **때로는 어려움이나 연단과 시련을 통해 그 깨달음을 주시기도 하신다고** 저는 믿습니다.

음식점에 들어갈 때, 인형이 "어서 오십시오. 저희 가게를 찾아 주셔서 감사합니다"라고 말할 때, 정말 '환영받고 있다'고 느껴지나요? 물론 그 말이 사람 대신 인형이 한다는 걸 알지만요. 마찬가지로 **하나님께서도 때로는 우리를 강제로 이끌어 가실 때도 있을 것**입니다. 그러나 **우리가 인격체로서 내 '믿음'으로 그 길을 선택할 때, 하나님은 우리를 도우시고 인도하신다고** 저는 믿습니다. 그로 인해 일어난 사건들과 일들을 간증하고 싶지만, 이 글에서는 성령님의 구체적인 인도하심에 대해서는 말씀드리지 않겠습니다.

　다시 한 번 권면합니다. 성령님의 인도하심에 따라 오늘 내가 여기까지 이르게 되었다는 것, 현재 저의 모습을 감히 확신하며, 성령님의 인도하심에 순종하시길 기도합니다. 하나님께 의지하십시오.

05
성경이란

1. 서론

'예수 믿고 천국 가세요'

이 말을 누구나 한 번쯤 들어보셨을 것입니다. 그 예수님에 관한 책, 그리고 성부 하나님에 대해 기록된 책이 바로 성경입니다. 성경은 하나님이 누구시며, 예수님이 어떤 분이신지에 대해 쓴 책입니다.

〈요한복음 5:39〉
"(중략) 이 성경이 곧 내게 대하여 증언하는 것이니라"

〈요한계시록 1:2-3〉
2 요한은 하나님의 말씀과 예수 그리스도의 증거 곧 자기가 본 것을 다

증언하였느니라

3 이 예언의 **말씀을 읽는 자**와 듣는 자와 그 가운데 기록한 것을 **지키는 자는 복이 있나니** 때가 가까움이라

나이가 들면서 누구나 죽음 이후에 **우리는 어떻게 되는지 그리고 어디로 가는지** 고민해본 적이 있을 것입니다. **성경은 그 답을 제시하는 책**입니다. 그럼, 간단하게 **성경이 어떤 책**인지 말씀 드리겠습니다.

하나님께서는 당신의 형상대로 인간을 창조하시고 에덴동산에서 살게 하시면서, 동산의 모든 과일은 먹되 '선과 악을 알게 하는 나무의 열매(선악과)'만은 먹지 말라고 명하셨습니다. 그러나 인간은 뱀의 유혹에 넘어가 선악과를 먹고 에덴에서 쫓겨났습니다. 하나님은 죄를 지은 인간과 더불어 사실 수 없기 때문입니다. 구약시대에는 죄를 지은 인간이 죄값을 치루기 위해 양 등의 동물을 제물로 드렸고 (본인 대신 죽게 하고), 지은 죄에 대한 사해짐(용서)을 구했습니다. 이는 예수님께서 언젠가 우리의 죄를 위해 십자가에서 희생되실 것을 예표한 것이었습니다.

하나님께서는 독생자 예수 그리스도를 이 세상에 보내셔서, **우리의 죄를 단번에 용서하시기 위해 십자가에서 죽게 하셨습니다.** 이 놀라운 사랑과 구원의 이야기가 기록된 것이 바로 성경입니다.

히브리서 10장에 있는 말씀을 보십시오.

〈히브리서 10:10-12〉
"10 이 뜻을 따라 **예수 그리스도의 몸을 단번에 드리심으로 말미암아 우리가 거룩함을 얻었노라**
11 제사장마다 매일 서서 섬기며 자주 같은 제사를 드리되 이 제사는 언제나 죄를 없게 하지 못하거니와
12 오직 그리스도는 죄를 위하여 한 영원한 제사를 드리시고 (중략)"

그렇습니다. 이처럼 우리 죄인들은 죄에서 벗어나 거룩함을 얻게 된 것입니다. 죄의 사함을 받고 의인이 된 것입니다. 예수님께서는 우리 죄를 위해 **단번에 제물로 드려지셨습니다. 예수님께서는 우리의 죄를 없이 하시려고 이 땅에 오신 것입니다.**

다음 갈라디아서를 보십시오.

〈갈라디아서 2:20〉
"**내가 그리스도와 함께 십자가에 못 박혔나니** 그런즉 이제는 내가 사는 것이 아니요 오직 내 안에 그리스도께서 사시는 것이라(중략)"

이러한 내용이 기록된 것이 바로 '성경'입니다. 이제 달리 말씀드려 보겠습니다.

성경은 우리가 이 세상을 떠난 후 어디로 가는지, 그리고 우리를 어떻게 구원해 주셨는가에 대해 알려주십니다. 동시에 이 땅에서 **'예수를 잘 믿어야 한다', '이렇게 살아야 한다'**라며 복된 삶의 길을

가르쳐 주십니다. "그래야 하늘나라에도 갈 수 있고, 하늘나라에서 큰 상급을 받을 수 있다. 얘야, 아들아!"

성경은 가장 복된 삶은 하나님의 향기를 흠뻑 드러내는 삶이라고 하십니다. 하나님의 말씀대로 살면, '**늘 평강과 감사가 넘치는 삶**'을 누리게 된다고 말씀하십니다. "얘야, 아들아! 그렇게 살지 말고 이렇게 사는 것이 좋은 길이란다. 이 아비가 평생 경험으로부터 잘 안다. 어찌 어느 아비가 자식이 잘 되기를 바라지 않겠니"

하물며 우리를 지으신 하나님께서, 우리가 하나님의 말씀대로 살아가기를 얼마나 간절히 바라시겠습니까. 그분은 얼마나 오래 참고 기다리고 계신지, 우리는 알기 어려울 정도입니다.

〈이사야 46:4〉
"너희가 노년에 이르기까지 내가 그리하겠고 백발이 되기까지 내가 너희를 품을 것이라 내가 지었은즉 내가 업을 것이요 내가 품고 구하여 내리라"

2. 본론

성경은 하나님의 말씀이다

성경은 '불순종과 불신앙'에 대한 경고와, 하나님과 예수를 잘 믿을 것을 수없이 강조하고 있습니다. 모든 열방에게 여호와를 알고 오직 그분만을 섬기도록 촉구하며, 순종하지 않는 자들에게는 엄격한 징벌과 고난을 경고하셨습니다. **이러한 말씀은 현재 우리에게도 계속해서 반복되고 있다는 점을 알아야 합니다.**

성경은 예수님에 대한 증언이다

〈요한복음 5:39〉
"너희가 성경에서 영생을 얻는 줄 생각하고 성경을 연구하거니와 이 **성경이 곧 내게 대하여 증언하는 것이니라**"

이사야는 '예수님'에 대하여 예언하고 있습니다.

〈이사야 53:1-6〉
"1 우리가 전한 것을 누가 믿었느냐 여호와의 팔이 누구에게 나타났느냐
2 그는 주 앞에서 자라나기를 연한 순 같고 마른 땅에서 나온 뿌리 같아서
고운 모양도 없고 풍채도 없은즉 우리가 보기에 흠모할 만한 아름다운 것이 없도다
3 그는 **멸시**를 받아 사람들에게 **버림** 받았으며 간고를 많이 겪었으며 질고를 아는 자라 마치 사람들이 그에게서 얼굴을 가리는 것 같이 **멸시**를 당하였고, 우리도 그를 **귀히 여기지** 아니하였도다
4 그는 실로 우리의 **질고**를 지고 우리의 **슬픔을 당하였거늘** 우리는 생각하기를 그는 **징벌을 받아** 하나님께 맞으며 **고난을 당한다** 하였노라
5 그가 **찔림**은 우리의 허물 때문이요 그가 **상함**은 우리의 **죄악 때문이라** 그가 **징계를 받으므로** 우리는 **평화를** 누리고 그가 **채찍에 맞으므로** 우리

는 나음을 받았도다

6 우리는 다 **양 같아서** 그릇 행하여 **각기 제 길로 갔거늘** 여호와께서는 우리 모두의 죄악을 그에게 담당시키셨도다"

성경은 하나님이 어떤 분이신지 알게 한다

〈고린도전서 1:18〉

"십자가의 도가 멸망하는 자들에게는 미련한 것이요 구원을 받는 우리에게는 하나님의 능력이라"

〈신명기 8:3〉

"(중략) 사람이 떡으로만 사는 것이 아니요 **여호와의 입에서 나오는 모든 말씀으로** 사는 줄을 네가 알게 하려 하심이니라"

성경은 이 세상에서 어떻게 사는 것이 가장 복된 길인지를 알려주시고, 우리에게 살아갈 길을 제시해 주신다

〈시편 127:1〉

"여호와께서 집을 세우지 아니하시면 세우는 자의 수고가 헛되며 여호와께서 성을 지키지 아니하시면 파수꾼의 깨어 있음이 헛되도다"

〈잠언 5:21〉

"대저 사람의 길은 **여호와의 눈 앞에 있나니** 그가 그 사람의 모든 길을 평탄하게 하시느니라"

〈디모데후서 3:15〉

"(중략) 성경은 능히 너로 하여금 그리스도 예수 안에 있는 믿음으로 말미암아 **구원에 이르는 지혜**가 있게 하느니라"

〈디모데후서 3:16〉
"모든 성경은 하나님의 감동으로 된 것으로 교훈과 책망과 바르게 함과 의로 교육하기에 유익하니"

〈누가복음 21:33〉
"천지는 없어지겠으나 내 말은 없어지지 아니하리라"

성경은 누가 썼는가

성령의 감동으로 쓰여졌습니다. 자세한 내용은 '03 질문' 편의 8번과 9번을 참고하십시오.

성경은 어떻게 구성되어 있는가

성경은 구약과 신약으로 구성되어 있습니다. 여기서 '약(約)'은 '언약(言約)'을 의미하며, 하나님이 이스라엘 백성과 맺은 '약속'을 뜻합니다. 일반적으로 '언약'은 상호적인 계약을 의미하지만, **구약과 신약에서의 언약은 하나님께서 주도하신다는 특징이 있습니다.** 이는 하나님이 아브라함과 맺은 언약에서 잘 나타납니다.

〈창세기 17:1〉
"(중략) **나는 전능한 하나님이라 너는 내 앞에서 행하여 완전하라**"

이 명령에 기초하여 **'복에 대한 약속'**이 아브라함에게 주어졌습니다. (창세기 17:2-8). 따라서 1절의 명령도 사실상 **하나님의 약속을**

포함하고 있습니다. "나는 전능한 하나님이니"라는 말씀은 아브라함에게 믿음만 있으면 된다는 의미의 명령입니다.

성경은 크게 구약과 신약으로 나뉜다

| 구약: 예수 탄생 이전의 사건들을 기록한 성경으로, 고대 이스라엘의 역사, 종교, 문화, 예언서 등을 포함

| 신약: 예수님의 생애와 제자들의 전도 활동, 사도들의 편지 등을 다루는 성경

성경은 성령의 감동으로 쓰여졌다

(근거: 디모데후서 3:16)
자세한 내용은 '**03 질문**' 편의 9번 질문을 참고하십시오.

읽는 순서

| 구약: 창세기, 출애굽기, 시편, 전도서를 먼저 읽고, 나머지 구약 책들은 믿음이 자라난 후 읽습니다.

| 신약: 복음서(마태복음, 마가복음, 누가복음, 요한복음)를 먼저 읽고, 그 후 다른 신약 책들을 섞어가며 읽는 것이 좋습니다. 예를 들어, 마태복음을 읽고 사도행전을, 마가복음을 읽고 로마서를 읽는 방식입니다.

가능한 매일 읽는다.

성경을 읽으면 다음과 같은 것을 알게 된다

| 하나님이 어떤 분이신지 알게 된다.
| 우리 인간은 어떤 존재인가를 알게 된다.
| 인생을 어떻게 살아야 하는지 확실히 알게 된다.
| 하나님을 더 열심히 믿게 된다.

〈잠언 3:1-2〉
"1 내 아들아 나의 **법을 잊어버리지 말고** (중략)
2 그리하면 그것이 **네가 장수하여** 많은 해를 누리게 하며, **평강을** 더하게 하리라"

성경을 읽으면 다음과 같은 변화가 일어난다

| 회개하게 된다.
| 기도하게 된다.
| 크게 위로를 받게 된다.

〈시편 71:9〉
"늙을 때에 나를 **버리지 마시며** 내 힘이 쇠약할 때에 떠나지 마소서"

| 재물을 기쁨으로 드리게 된다.

〈마태복음 6:21, 33〉
"21 네 보물이 있는 그 곳에는 네 마음도 있느니라
33 그런즉 너희는 먼저 **그의 나라와 그의 의**를 구하라 그리하면 이 모든 것을 너희에게 더하시리라"

제2장
삼위일체 하나님을 만나다

"우리가 아직 죄인 되었을 때에
그리스도께서 우리를 위하여 죽으심으로
하나님께서 우리에 대한 자기의 사랑을
확증하셨느니라"

로마서 5:8

06 하나님은 누구이신가
07 예수님은 누구이신가
08 성령은 어떤 분이신가
09 설교문 '하나님의 사랑'

06
하나님은 누구이신가

여러분은 하나님을 어떤 분이시라고 생각하고 있습니까? 믿고 계신가요? 이는 매우 중요한 질문입니다. 요즘 저는 새삼스럽게 시편 46편 1절의 말씀이 제 머리에서 떠나지 않습니다.

〈시편 46:1〉
"1 하나님은 우리의 피난처시요 힘이시니 환난 중에 만날 큰 도움이시라"

1. 스스로 존재하시는 분이시다

2. 천지만물을 창조하신 분이시다

〈창세기 1:1-8〉
"1 태초에 하나님이 천지를 창조하시니라
2 땅이 혼돈하고 공허하며 흑암이 깊음 위에 있고 하나님의 영은 수면

위에 운행하시니라

3 하나님이 이르시되 빛이 있으라 하시니 빛이 있었고

4 빛이 하나님이 보시기에 좋았더라 하나님이 빛과 어둠을 나누사

5 하나님이 빛을 낮이라 부르시고 어둠을 밤이라 부르시니라 저녁이 되고 아침이 되니 이는 첫째 날이니라

6 하나님이 이르시되 물 가운데에 궁창이 있어 물과 물로 나뉘라 하시고

7 하나님이 궁창을 만드사 궁창 아래의 물과 궁창 위의 물로 나뉘게 하시니 그대로 되니라

8 하나님이 궁창을 하늘이라 부르시니라 저녁이 되고 아침이 되니 이는 둘째 날이니라"

〈이사야 45:18〉
"대저 여호와께서 이같이 말씀하시되 **하늘을 창조하신 이 그는 하나님이시니** 그가 **땅을 지으시고** 그것을 만드셨으며 그것을 견고하게 하시되 혼돈하게 창조하지 아니하시고 사람이 거주하게 그것을 지으셨으니 나는 여호와라 나 외에 다른 이가 없느니라"

〈사도행전 17:24-25〉
"24 우주와 그 가운데 있는 만물을 지으신 하나님께서는 천지의 주재시니 손으로 지은 전에 계시지 아니하시고

25 또 무엇이 부족한 것처럼 사람의 손으로 섬김을 받으시는 것이 아니니 이는 만민에게 생명과 호흡과 만물을 친히 주시는 이심이라"

3. 온 천지만물을 주장하시고 역사하신다

4. 전지전능하신 분이시다

〈창세기 35:11〉

"하나님이 그에게 이르시되 **나는 전능한 하나님이라** 생육하며 번성하라 **한 백성과 백성들의** 총회가 네게서 나오고 왕들이 네 허리에서 나오리라"

〈창세기 18:14〉

"여호와께 능하지 못한 일이 있겠느냐 (중략)"

〈시편 139:1-4〉

"1 여호와여 주께서 나를 살펴 보셨으므로 나를 아시나이다
2 주께서 내가 앉고 일어섬을 아시고 멀리서도 나의 생각을 밝히 아시오며
3 나의 모든 길과 내가 눕는 것을 살펴 보셨으므로 나의 모든 행위를 익히 아시오니
4 여호와여 내 혀의 말을 알지 못하시는 것이 하나도 없으시니이다"

5. 이 세상 아니 계신 곳이 없다

6. 우리의 생사화복을 주장하신다

〈사무엘상 2:6-7〉

"6 여호와는 **죽이기도** 하시고 **살리기도** 하시며 스올에 내리게도 하시고 거기에서 올리기도 하시는도다
7 여호와는 가난하게도 하시고 **부하게도** 하시며 **낮추기도** 하시고 높이기도 하시는도다"

7. 우리의 아버지시다

〈이사야 63:16〉

"주는 우리 **아버지시라** 아브라함은 우리를 모르고 이스라엘은 우리를 인정하지 아니할지라도 **여호와여**, 주는 우리의 **아버지시라** 옛날부터 주의 이름을 우리의 **구속자**라 하셨거늘"

8. 하시는 일의 시작과 끝을 인간의 지혜로 측량할 수 없다

〈전도서 3:1-11〉

"1 범사에 **기한**이 있고 천하 만사가 다 **때가** 있나니

2 **날** 때가 있고 죽을 때가 있으며 **심을** 때가 있고 심은 것을 **뽑을** 때가 있으며

3 **죽일** 때가 있고 **치료할** 때가 있으며 **헐** 때가 있고 **세울** 때가 있으며

(중략)

8 **사랑할** 때가 있고 **미워할** 때가 있으며 전쟁할 때가 있고 평화할 때가 있느니라

(중략)

11 하나님이 모든 것을 지으시되 때를 따라 아름답게 하셨고 또 사람들에게는 영원을 사모하는 마음을 주셨느니라 **그러나 하나님이 하시는 일의 시종을 사람으로 측량할 수 없게 하셨도다**"

9. 평강과 은혜를 베푸신다

〈민수기 6:24-26〉

"24 여호와는 네게 **복을** 주시고 너를 **지키시기를** 원하며

25 여호와는 그의 **얼굴**을 네게 비추사 **은혜 베푸시기**를 원하며
26 여호와는 그 **얼굴**을 네게로 향하여 드사 **평강** 주시기를 원하노라 할지니라 하라"

10. 참되시고 의로우신 분이시다

〈로마서 3:4〉
"그럴 수 없느니라 사람은 다 거짓되되 오직 하나님은 참되시다 할지어다 기록된 바 주께서 주의 말씀에 의롭다 함을 얻으시고 판단 받으실 때에 이기려 하심이라 함과 같으니라"

〈시편 11:7〉
"여호와는 의로우사 의로운 일을 좋아하시나니 정직한 자는 그의 얼굴을 뵈오리로다"

11. 항상 우리와 함께 하신다

〈사무엘하 7:9〉
"네가 가는 모든 곳에서 내가 너와 함께 있어 네 모든 원수를 네 앞에서 멸하였은즉 땅에서 위대한 자들의 이름 같이 네 이름을 위대하게 만들어 주리라"

12. 신실하신 분이시다

〈민수기 23:19〉
"하나님은 사람이 아니시니 거짓말을 하지 않으시고 인생이 아니시니 후회가 없으시도다 어찌 그 말씀하신 바를 행하지 않으시며 하신 말씀을

실행하지 않으시랴"

13. 선하시고 온전하신 분이시다

〈로마서 12:2〉

"너희는 이 세대를 본받지 말고 오직 마음을 **새롭게** 함으로 **변화**를 받아 하나님의 **선하시고 기뻐하시고 온전하신 뜻**이 무엇인지 분별하도록 하라"

14. 우리를 감찰하신다

〈시편 7:9〉

"악인의 악을 끊고 의인을 세우소서 의로우신 하나님이 사람의 마음과 양심을 감찰하시나이다"

15. 심판의 하나님이시다

〈시편 7:8〉

"여호와께서 만민에게 심판을 행하시오니 여호와여 나의 의와 나의 성실함을 따라 나를 심판하소서"

16. 공의를 선포하시는 분이시다

〈이사야 63:1〉

"(중략) 이 누구냐 (중략) 그는 (여호와는) 나이니 공의를 말하는 이요 구원하는 능력을 가진 이니라"

〈시편 33:5〉

"그는 공의와 정의를 사랑하심이여 세상에는 여호와의 인자하심이 충만하도다"

17. 업신여김을 받지 아니하신다

〈갈라디아서 6:7〉

"스스로 속이지 말라 하나님은 업신여김을 받지 아니하시나니 사람이 무엇으로 심든지 그대로 거두리라"

18. 우리의 피난처이시다

〈시편 46:1〉

"하나님은 **우리의 피난처시요 힘이시니** 환난 중에 만날 큰 도움이시라"

19. 나를 구속(구원)해 주셨다

〈이사야 41:14〉

"버러지 같은 너 야곱아, 너희 이스라엘 사람들아 두려워하지 말라 나 여호와가 말하노니 내가 너를 도울 것이라 네 **구속자**는 이스라엘의 거룩한 이이니라"

〈이사야 43:1〉

"야곱아 너를 창조하신 여호와께서 지금 말씀하시느니라 이스라엘아 너를 지으신 이가 말씀하시느니라 너는 두려워하지 말라 내가 너를 **구속하였고** 내가 너를 **지명하여 불렀나니** 너는 내 것이라"

20. 위대하신 분이시다

〈이사야 59:1-2〉

"1 여호와의 **손이 짧아 구원하지 못하심도** 아니요, **귀가 둔하여 듣지 못하심도 아니라**

2 오직 너희 죄악이 너희와 너희 하나님 사이를 갈라 놓았고, 너희 죄가 그의 얼굴을 가리어서 너희에서 듣지 않으시게 함이니라"

〈전도서 7:13-14〉

"13 하나님께서 행하시는 일을 보라 하나님께서 굽게 하신 것을 누가 능히 곧게 하겠느냐

14 형통한 날에는 기뻐하고 곤고한 날에는 되돌아 보아라 이 두 가지를 **하나님이 병행하게 하사 사람이 그의 장래 일을 능히 헤아려 알지 못하게 하셨느니라**"

21. 우리의 파수꾼이시다

〈시편 127:1〉

"여호와께서 **집을 세우지** 아니하시면 세우는 자의 수고가 헛되며 여호와께서 성을 지키지 아니하시면 **파수꾼**의 깨어 있음이 헛되도다"

22. 인내하시는 분이시다

〈출애굽기 34:6〉

"여호와께서 그의 앞으로 지나시며 선포하시되 여호와라 여호와라 자비롭고 은혜롭고 노하기를 더디하고 인자와 진실이 많은 하나님이라"

〈에스겔 18:23〉
"주 여호와의 말씀이니라 내가 어찌 악인이 죽는 것을 조금인들 기뻐하랴 그가 돌이켜 그 길에서 떠나 사는 것을 어찌 기뻐하지 아니하겠느냐"

〈에스겔 33:11〉
"너는 그들에게 말하라 주 여호와의 말씀이니라 나의 삶을 두고 맹세하노니 나는 악인이 죽는 것을 기뻐하지 아니하고 악인이 그의 길에서 돌이켜 떠나 사는 것을 기뻐하노라 이스라엘 족속아 돌이키고 돌이키라 너희 악한 길에서 떠나라 어찌 죽고자 하느냐 하셨다 하라"

하나님은 **한없이 마음이 넓으신 분이십니다. 늘 참고 참고 기다리십니다. 인내의** 하나님이십니다. 우리 인간이 연약하고 잘 쓰러져도 또 참으시고 기다리십니다. 부끄러운 죄를 지어도 불쌍히 여기시고, 회개하고 돌아오기를 **바라십니다.** 내가 죄 때문에 괴로워하고 불안해 하는 것도 **사랑의 눈**으로 보시고, 내 의지로 회개하고 돌아오기를 **참고 기다리십니다.**

23. 우리를 인도하신다

〈이사야 40:11〉
"그는 목자 같이 양 떼를 먹이시며 어린 양을 그 팔로 모아 품에 안으시며 젖먹이는 암컷들을 온순히 인도하시리로다."

24. 피곤을 모르신다

〈이사야 40:28, 31〉
"28 너는 알지 못하였느냐 듣지 못하였느냐 영원하신 하나님 여호와, **땅 끝까지 창조하신 이는 피곤하지 않으시며 곤비하지** 않으시며 **명철이** 한이 없으시며
31 오직 여호와를 **앙망하는** 자는 새 힘을 얻으리니 **독수리가 날개치며 올라감 같을 것이요 달음박질하여도** 곤비하지 아니하겠고 걸어가도 피곤하지 아니하리로다"

25. 유일하시다
〈이사야 46:9〉
"너희는 옛적 일을 기억하라 나는 하나님이라 **나 외에 다른 이가 없느니라** 나는 하나님이라 나 같은 이가 없느니라"

26. 한없이 인간을 사랑하신다
〈이사야 46:4〉
"4 너희가 노년에 이르기까지 내가 그리하겠고 **백발이 되기까지** 내가 너희를 **품을 것이라** 내가 지었은즉 내가 **업을 것이요** 내가 **품고 구하여 내리라**"

27. 명철하신 분이시다
〈욥기 12:13-14〉
"13 **지혜와 권능이** 하나님께 있고 **계략과 명철도** 그에게 속하였나니
14 그가 **헐으신즉** 다시 세울 수 없고 사람을 가두신즉 놓아주지 못하느

니라"

28. 우리를 빚으시는 토기장이와 같으신 분이시다

〈예레미야 18:1-8〉

"1 여호와께로부터 예레미야에게 임한 말씀에 이르시되

2 너는 일어나 **토기장이의 집**으로 내려가라 내가 거기에서 내 말을 네게 들려 주리라 하시기로

3 내가 토기장이의 집으로 내려가서 본즉 그가 녹로로 일을 하는데

4 진흙으로 만든 그릇이 토기장이의 손에서 터지매 그가 그것으로 자기 의견에 좋은 대로 다른 그릇을 만들더라

5 그 때에 여호와의 말씀이 내게 임하니라 이르시되

6 여호와의 말씀이니라 이스라엘 족속아 이 **토기장이**가 하는 것 같이 내가 능히 너희에게 행하지 못하겠느냐 이스라엘 족속아 **진흙이 토기장이의 손에 있음 같이 너희가 내 손에 있느니라**

(중략)

8 만일 내가 말한 그 민족이 그의 **악에서 돌이키면** 내가 그에게 내리기로 생각하였던 재앙에 대하여 뜻을 돌이키겠고"

29. 의로운 재판장이시다

〈시편 7:11〉

"하나님은 의로우신 재판장이심이여 매일 분노하시는 하나님이시로다"

30. 위로하는 분이시다

〈이사야 51:12〉

"이르시되 너희를 위로하는 자는 나 곧 나이니라 (나 여호와니라) (중략)"

31. 모든 것이 하나님의 손 안에 있다
〈전도서 9:1〉

"이 모든 것을 내가 마음에 두고 이 모든 것을 살펴 본즉 **의인들이나 지혜자들이나 그들의 행위나 모두 다 하나님의 손 안에 있으니** 사랑을 받을는지 미움을 받을는지 사람이 알지 못하는 것은 모두 **그들의 미래의 일들임이니라**"

32. 항상 존중을 받기에 마땅하신 분이다
〈사무엘상 2:30〉

"(중략) 나를 존중히 여기는 자를 내가 존중히 여기고 나를 **멸시하는 자를 내가 경멸하리라**"

33. 인간이 정직한 삶을 살기를 원하신다
〈민수기 23:19〉

"하나님은 **사람이 아니시니 거짓말을 하지 않으시고** 인생이 아니시니 **후회가 없으시도다** 어찌 그 말씀하신 바를 행하지 않으시며 **하신 말씀을 실행하지 않으시랴**"

34. 우리의 목자이시다
〈시편 23:1〉

"여호와는 **나의 목자시니** 내게 **부족함이 없으리로다**"

이때, '부족함'이란 '세상 것, 물질, 권세' 등을 구하지 않아도, 아니 주셔도 조금도 불만이 없고, 오직 '평강과 감사'가 넘친다는 뜻입니다.

35. 영으로 예배를 받으신다

〈요한복음 4:24〉

"하나님은 영이시니 예배하는 자가 영과 진리로 예배할지니라"

36. 자비의 아버지이시다

〈고린도후서 1:3-5〉

"3 찬송하리로다 그는 우리 주 **예수 그리스도의 하나님이시요 자비의** 아버지시요 모든 **위로의** 하나님이시며
4 우리의 모든 환난 중에서 우리를 위로하사 우리로 하여금 하나님께 받는 위로로써 모든 환난 중에 있는 자들을 능히 위로하게 하시는 이시로다
5 그리스도의 고난이 우리에게 넘친 것 같이 우리가 받는 위로도 그리스도로 말미암아 넘치는도다"

37. 우리를 인도하신다

〈시편 48:14〉

"이 하나님은 **영원히 우리 하나님이시니** 그가 우리를 죽을 때까지 인도하시리로다"

07
예수님은 누구이신가

사랑이 많으신 하나님의 자녀들이여!
하나님의 독생자 예수 그리스도를 구주로 믿는 성도들이여!

우리는 정말 행복한 사람들입니다. 복을 많이 받은 사람들입니다. 예수님을 구주로 믿고 살아가니 말입니다. 하나님은 우리를 사랑하사 자녀로 삼으셨습니다. 자녀로 삼으셨을 뿐 아니라, 우리가 자녀답게 살 수 있도록 말씀하시고, 그 길을 따라 살아가도록 도와주시며, 끊임없이 기다리십니다. 그럼에도 불구하고 인간들은 종종 허탄한 세상 것에 집착하며, 제 욕심대로 살아갑니다.

전도서와 시편에는 이런 말씀이 있습니다.

〈전도서 8:11〉

"악한 일에 관한 징벌이 속히 실행되지 아니하므로 인생들이 악을 행하는 데에 마음이 담대하도다"

〈시편 14:1〉

"어리석은 자는 그의 마음에 이르기를 하나님이 없다 하는도다 (중략)"

그렇습니다. 우리는 늘 하나님을 배반하고 우상숭배에 얼마나 많이 빠져드는지 모릅니다. 얼마나 어리석고 무익한 행동을 반복하는지 깨닫지 못합니다. 나무나 돌만 우상이 아닙니다. 현대의 우리들은 눈에 보이는 물질적 우상들을 많이 믿지 않기에 우상을 숭배하지 않는다고 생각할 수 있지만, 사실 우리의 마음속에 더 깊은 우상이 존재할 수 있습니다.

하나님의 속성이 아닌, 허탄한 세상 것들이 다 우상입니다. 심지어 하나님보다 자식을 더 우선시하고, 자식의 일에만 몰두한다면, 그것 역시 일종의 우상숭배에 해당할 수 있습니다.

탐심은 우상숭배입니다. 하나님보다 더 사랑하는 것이 바로 우상입니다. 하나님이 주신 모든 것을 기뻐하지 않는 것 역시 우상숭배입니다. 골로새서 3장 5절에는 이렇게 말합니다. "그러므로 땅에 있는 지체를 죽이라 **곧 음란과 부정과 사욕과 악한 정욕과 탐심이니 탐심은 우상 숭배니라**"

구약에서 하나님은 많은 선지자들(대언자들)을 통해 이스라엘 백성에게 경고하셨습니다. **우상을 숭배하고 하나님의 말씀대로 살지 않을 때 고난과 멸망이 따를 것이라고 말씀하십니다.**

나는 '예수님'을 믿고 있다.

그렇다면, '예수님'을 믿는다는 것은 무엇을 의미합니까? 우리는 모두 죄인입니다. 그러나 **하나님께서는 우리를 긍휼히 여기사, 하나님의 독생자 예수님을 십자가에 달려 죽게 하셔서 우리의 죄를 단번에 사하여 주셨습니다. 그것을 믿는 것이 바로 믿음의 핵심입니다.**

〈히브리서 10:10-12〉
"10 이 뜻을 따라 **예수 그리스도의 몸을 단번에 드리심으로 말미암아 우리가 거룩함을 얻었노라**
11 제사장마다 매일 서서 섬기며 자주 같은 제사를 드리되 이 제사는 언제나 죄를 없게 하지 못하거니와
12 **오직 그리스도는 죄를 위하여 한 영원한 제사를 드리시고 (중략)**"

〈갈라디아서 2:20〉
"20 **내가 그리스도와 함께 십자가에 못 박혔나니 그런즉 이제는 내가 사는 것이 아니요** 오직 내 안에 그리스도께서 사시는 것이라 이제 내가 육체 가운데 사는 것은 나를 사랑하사 나를 위하여 자기 자신을 버리신 하나님의 아들을 믿는 믿음 안에서 사는 것이라"

그렇다면 우리가 믿는 '예수'는 어떤 분이십니까? 성경은 어떤 책입니까? 한마디로 말하자면, **우리가 믿는 '예수'가 어떤 분이신지를 말씀한 책이 바로 성경입니다.**

때로는 선지자들(대언자들)의 말씀을 통해, 아니면 직접 예수님께서 당신이 누구인지를 말씀하셨습니다. 이제 성경에서 예수님이 어떻게 표현되었는지를 살펴보려 합니다. 예수님이 어떤 분이신지를 정확히 알아야만, 그분을 잘 믿을 수 있기 때문입니다.

1. 예수님은 하나님의 독생자이시다

〈마태복음 1:21〉
"아들을 낳으리니 **이름을 예수라 하라 그가 자기 백성을 그들의 죄에서 구원할 자이심이라** 하니라"

우리의 죄를 단번에 사하시기 위해 하늘 보좌를 버리시고, 인간의 모습으로 이 세상에 오신 (성육신)구세주 예수님께 경배하며 찬양하고, 그분의 말씀대로 살아가야 합니다.

2. 예수님은 성육신하신 분이시다

〈요한복음 1:1-5, 9-14〉 (성육신 成肉身)
"1 태초에 **말씀이 계시니라** 이 **말씀이 하나님과 함께 계셨으니** 이 **말씀은 곧 하나님이시니라**
2 그(예수)가 태초에 하나님과 함께 계셨고

3 만물이 그로 말미암아 지은 바 되었으니 지은 것이 하나도 그가 없이는 된 것이 없느니라

(중략)

5 **빛**이 어둠에 비치되 **어둠**이 깨닫지 못하더라

(중략)

9 참 빛 곧 세상에 와서 각 사람에게 비추는 빛이 있었나니

10 그가 세상에 계셨으며 세상은 그로 말미암아 지은 바 되었으되 세상이 그를 알지 못하였고

11 자기 땅에 오매 자기 백성이 영접하지 아니하였으나

12 영접하는 자 곧 그 이름을 믿는 자들에게는 하나님의 자녀가 되는 권세를 주셨으니

13 이는 혈통으로나 육정으로나 사람의 뜻으로 나지 아니하고 오직 하나님께로부터 난 자들이니라

14 **말씀이 육신이 되어 우리 가운데** 거하시매 우리가 그의 영광을 보니 아버지의 독생자의 영광이요 은혜와 진리가 충만하더라"

3. 예수님은 우리를 지극히 사랑하신다

〈로마서 5:8〉

"우리가 아직 죄인 되었을 때에 **그리스도께서 우리를** 위하여 죽으심으로 하나님께서 우리에 대한 **자기의 사랑을 확증하셨느니라**"

〈빌립보서 2:5-8〉

"5 너희 안에 이 마음을 품으라 곧 **그리스도 예수의 마음이니**

6 그는 근본 하나님의 본체시나 **하나님과 동등됨을 취할 것으로 여기지**

아니하시고
7 오히려 **자기를 비워** 종의 형체를 가지사 사람들과 같이 되셨고
8 사람의 모양으로 나타나사 **자기를 낮추시고** 죽기까지 복종하셨으니 곧 십자가에 죽으심이라"

4. 하나님의 독생자 예수님은 십자가에 달려 죽으심으로 우리의 죄를 단번에 사하셨다

구약의 제사는 불완전하여 해마다 반복되어야 했습니다. 그러나 신약의 제사는 완전하여, 예수님께서 십자가에 달려 죽으심으로 우리의 죄를 단번에 없애셨습니다.

〈히브리서 9:23-28〉
"23 그러므로 하늘에 있는 것들의 모형은 이런 것들로써 정결하게 할 필요가 있었으나 하늘에 있는 그것들은 이런 것들보다 더 좋은 제물로 할지니라
24 **그리스도께서는** 참 것의 그림자인 손으로 만든 성소에 들어가지 아니하시고 바로 **그 하늘에 들어가사 이제 우리를 위하여 하나님 앞에 나타나시고**
25 대제사장이 해마다 다른 것의 피로써 성소에 들어가는 것 같이 자주 자기를 드리려고 아니하실지니
26 그리하면 그가 세상을 창조한 때부터 자주 고난을 받았어야 할 것이로되 이제 자기를 **단번에 제물로 드려 죄를 없이 하시려고 세상 끝에 나타나셨느니라**

27 한번 죽는 것은 사람에게 정해진 것이요 그 후에는 심판이 있으리니
28 이와 같이 **그리스도도 많은 사람의 죄를 담당하시려고 단번에 드리신 바 되셨고** 구원에 이르게 하기 위하여 죄와 상관 없이 자기를 바라는 자들에게 두 번째 나타나시리라"

구약의 제사는 **제물의 불완전성**으로 인해 한계가 있었습니다. 흠 있는 동물의 피로 드려진 제사는 단지 죄를 유예시키는 역할에 그쳤습니다. 그러나 **그리스도 예수**는 완전한 인성과 신성을 지닌 분으로, 자신을 **흠 없는 제물로 하나님께 드려 우리의 죄를 완전히, 단번에 사하여 주셨습니다.** 예수님의 희생은 더 이상 반복될 필요 없는, 영원히 유효한 구속의 제물이 되었습니다.

5. 십자가의 도(道)

〈에베소서 2:13-18〉
"13 이제는 전에 멀리 있던 너희가 **그리스도 예수 안에서 그리스도의 피로 가까워졌느니라**
14 그는 우리의 화평이신지라 둘로 하나를 만드사 원수 된 것 곧 **중간에 막힌 담을 자기 육체로 허시고**
15 법조문으로 된 계명의 **율법을 폐하셨으니** 이는 이 둘로 자기 안에서 한 새 사람을 지어 화평하게 하시고
16 또 십자가로 이 둘을 한 몸으로 하나님과 화목하게 하려 하심이라 원수 된 것을 십자가로 소멸하시고
17 또 오셔서 먼 데 있는 너희에게 평안을 전하시고 가까운 데 있는 자들

에게 평안을 전하셨으니

18 이는 그로 말미암아 우리 둘이 **한 성령 안에서 아버지께 나아감을 얻게 하려 하심이라**"

6. 십자가의 고난

다시 한 번 09 설교문 '하나님의 사랑'을 읽어 보십시오.

〈히브리서 10:1-20〉
"1 율법은 장차 올 좋은 일의 그림자일 뿐이요 참 형상이 아니므로 해마다 늘 드리는 같은 제사로는 나아오는 자들을 언제나 온전하게 할 수 없느니라
(중략)
3 그러나 이 제사들에는 해마다 죄를 기억하게 하는 것이 있나니
(중략)
8 위에 말씀하시기를 주께서는 제사와 예물과 번제와 속죄제는 원하지도 아니하고 기뻐하지도 아니하신다 하셨고 (이는 다 율법을 따라 드리는 것이라)
9 그 후에 말씀하시기를 보시옵소서 내가 하나님의 뜻을 행하러 왔나이다 하셨으니 **그 첫째 것을 폐하심은 둘째 것을 세우려 하심이라**
10 이 뜻을 따라 예수 **그리스도의 몸을 단번에 드리심으로** 말미암아 우리가 거룩함을 얻었노라
11 제사장마다 매일 서서 섬기며 자주 같은 제사를 드리되 이 제사는 언제나 죄를 없게 하지 못하거니와
12 오직 그리스도는 **죄를 위하여 한 영원한 제사를 드리시고** 하나님 우

편에 앉으사

(중략)

14 그가 거룩하게 된 자들을 한 번의 제사로 영원히 온전하게 하셨느니라

(중략)

17 또 그들의 **죄**와 그들의 **불법**을 내가 다시 기억하지 아니하리라 하셨으니

18 이것들을 사하셨은즉 **다시 죄를 위하여 제사 드릴 것이 없느니라**

19 그러므로 형제들아 우리가 **예수의 피를 힘입어 성소에 들어갈 담력**을 얻었나니

20 그 길은 우리를 위하여 휘장 가운데로 열어 놓으신 새로운 살 길이요 휘장은 곧 그의 육체니라"

7. 예수님께서는 '하나님 나라는 어린아이와 같이 순수함과 자신의 마음을 비우는 겸손한 자세를 가진 자가 들어가게 된다'고 말씀하신다

〈마가복음 10:13-16〉

"13 사람들이 예수께서 만져 주심을 바라고 어린 아이들을 데리고 오매 제자들이 꾸짖거늘

14 예수께서 보시고 노하시어 이르시되 어린 아이들이 내게 오는 것을 용납하고 금하지 말라 **하나님의 나라가 이런 자의 것이니라**

15 내가 진실로 너희에게 이르노니 누구든지 하나님의 나라를 어린 아이와 같이 받들지 않는 자는 결단코 그 곳에 들어가지 못하리라 하시고

16 그 어린 아이들을 안고 그들 위에 안수하시고 축복하시니라"

어린아이들은 생활을 영위하기 위해 벌지 않고 부모님이 주시는 것을 받아 먹습니다. 마찬가지로 하나님 나라는 인간의 공로나 선행으로 얻는 것이 아닙니다. 하나님 나라는 전적으로 하나님께서 거져 주시는 선물이며 은혜입니다. 따라서 하나님 나라에 들어가기 위한 **유일한 조건은 어린아이와 같은 순수함과 자신의 마음을 비우는 겸손한 자세**입니다. 예수님은 이를 말씀하고 계십니다.

8. '여호와를 경외한다', '예수를 믿는다'는 것은 '하나님을 사랑하면서도 두려워하는 마음으로 하나님의 주권과 명령에 복종하며, 예수님 말씀 따라 살며 하나님을 진심으로 섬기는 것'을 의미한다

〈시편 16:1-11〉
"1 하나님이여 나를 지켜 주소서 내가 주께 피하나이다
2 내가 여호와께 아뢰되 주는 나의 주님이시오니 주 밖에는 나의 복이 없다 하였나이다
(중략)
5 여호와는 나의 산업과 나의 잔의 소득이시니 나의 분깃을 지키시나이다
(중략)
8 내가 여호와를 항상 내 앞에 모심이여 그가 나의 오른쪽에 계시므로 내가 흔들리지 아니하리로다
9 이러므로 나의 마음이 기쁘고 나의 영도 즐거워하며 내 육체도 안전히 살리니
(중략)

11 주께서 생명의 길을 내게 보이시리니 주의 앞에는 충만한 기쁨이 있고 주의 오른쪽에는 영원한 즐거움이 있나이다"

9. 예수님은 이 세상에서 완전한 사람으로 사셨다(성육신 成肉身). 물론, 죄는 전혀 없으신 분이셨다

다시 한번 '십자가의 도'에 대해 말씀드립니다. 우리 인간은 누구나 죽을 수밖에 없는 존재입니다.

'예수님은 십자가에 달려 우리의 죄를 대속하셨습니다'
(대속: ①남의 죄를 대신하여 당하거나 속죄함, ②예수께서 십자가에 못박혀 죽음으로써, 보혈로 만민의 죄를 대신 씻어 구원한 일)

참으로 귀한 말씀입니다. 아니, **성경 말씀의 핵심 중의 핵심**입니다. 그러나 우리가 그렇게 쉽게 받아들일 수 있는 사건이 아닙니다. 저는 지금도 매일 제가 죄인임을 깊이 깨닫기를 기도하고 있습니다. 나 같은 죄인이 예수님의 피로 구원받았다는 사실을 어찌 모르겠습니까? 믿고는 있지만, 그 진리를 **깊이 깨닫고 감사와 감격으로 응답해야 함에도 불구하고, 그것이 쉽지 않다는 것을 고백**합니다.

〈베드로전서 1:18-19〉
"18 너희가 알거니와 너희 조상이 물려 준 헛된 행실에서 대속함을 받은 것은 은이나 금 같이 없어질 것으로 된 것이 아니요
19 오직 흠 없고 점 없는 어린 양 같은 그리스도의 보배로운 피로 된 것

이니라"

베드로는 썩지 않는 은과 금이 썩어 없어질 때까지 **우리의 죄를 대신 갚으나 그리스도의 보혈의 능력은 영원하다고 말씀**하고 있습니다. 우리를 대신해 죄와 죽음의 빚을 갚으신 그리스도의 피의 능력이 영원함을 우리는 믿어야 합니다. 그 피의 능력으로 우리는 하나님 아버지의 자녀가 된 것입니다.

우리는 항상 예수님을 닮아가는 삶을 살아야 합니다. 신약 성경에는 예수님께서 수많은 병자를 고쳐주신 이야기가 기록되어 있습니다. 특히 마가복음 5장 1절부터 20절까지는 예수님께서 더러운 귀신에 사로잡혀 고통받는 한 사람을 어떻게 회복시키셨는지 잘 서술되어 있습니다. 이 사건의 기본 메시지는 단지 예수님께서 불행한 사람을 고쳐주신 데에 초점이 있는 것이 아닙니다. **우리가 주목해야 할 것은, 장차 예수님께서 십자가에 달려 죽으심**으로 우리의 인생을 어떻게 영원히 구원하셨는가입니다.

〈마가복음 5:1-15〉
"1 예수께서 바다 건너편 거라사인의 지방에 이르러
2 배에서 나오시매 곧 더러운 귀신 들린 사람이 무덤 사이에서 나와 예수를 만나니라
(중략)
6 그가 멀리서 예수를 보고 달려와 절하며
7 큰 소리로 부르짖어 이르되 지극히 높으신 하나님의 아들 예수여 나와

당신이 무슨 상관이 있나이까 원하건대 하나님 앞에 맹세하고 나를 괴롭히지 마옵소서 하니
8 이는 예수께서 이미 그에게 이르시기를 더러운 귀신아 그 사람에게서 나오라 하셨음이라
9 이에 물으시되 네 이름이 무엇이냐 이르되 내 이름은 군대니 우리가 많음이니이다 하고
(중략)
11 마침 거기 돼지의 큰 떼가 산 곁에서 먹고 있는지라
12 이에 간구하여 이르되 우리를 돼지에게로 보내어 들어가게 하소서 하니
13 허락하신대 더러운 귀신들이 나와서 돼지에게로 들어가매 (중략)
(중략)
15 예수께 이르러 그 귀신 들렸던 자 곧 군대 귀신 지폈던 자가 옷을 입고 정신이 온전하여 앉은 것을 보고 두려워하더라"

또 마가복음 5장 35절부터 43절에서는 소녀가 죽었다가 예수님께서 다시 살리신 사건이 나옵니다. 이것은 기적 중의 기적이라 할 수 있으며, 예수님께서 '하나님의 아들'로서 얼마나 위대한 능력을 가지신 분인지 다시금 깨닫게 합니다. 그러므로 **십자가에 달려 우리 죄를 대속하신 사건을 어찌 감격하지 않을 수 있으며, 평생 감사치 않으리요.**

우리 인간은 참으로 미약한 존재입니다. 위와 같은 수많은 병 고치는 사건들을 보고도, 우리는 다시금 예수님을 잊고 믿지 않습니

다. 구약에 보면, 애굽에서 이스라엘 민족을 탈출시킨 큰 사건(홍해를 건너는 사건)을 보고도, 광야에서 매일 하늘에서 주시는 만나 사건을 보고도, 반석에서 샘물이 솟아나는 기적을 경험하고도, 이스라엘 민족은 하나님을 바로 배반했습니다. 이것이 바로 우리 인간의 모습입니다. **여러분도 매일 일어나는 일들이 기적임을 깨닫지 못하시지 않습니까? 우리가 숨 쉬는 것조차 사실은 기적입니다.**

10. 장차 오실 메시아 예수님이 어떤 분이신가

이사야 53장에서는 메시아 예수님에 대해 잘 묘사되고 예언되어 있습니다. 이 장에서는 메시아의 비하(卑下)와 수난, 그리고 그로 인해 성취될 대속 사역이 상세히 나타나 있습니다. **메시아의 수난에 대한 예언은 그리스도의 십자가 수난 사건에서 그대로 성취되었습니다.** 이는 곧, 우리를 자신의 생명처럼 사랑하시는 하나님의 사랑의 절정입니다.

〈이사야 53:2-6〉
"2 그는 주 앞에서 자라나기를 연한 순 같고 마른 땅에서 나온 뿌리 같아서 고운 모양도 없고 풍채도 없은즉 우리가 보기에 흠모할 만한 아름다운 것이 없도다
3 그는 멸시를 받아 사람들에게 버림 받았으며 간고를 많이 겪었으며 질고를 아는 자라 마치 사람들이 그에게서 얼굴을 가리는 것 같이 멸시를 당하였고 우리도 그를 귀히 여기지 아니하였도다
4 그는 실로 우리의 질고를 지고 우리의 슬픔을 당하였거늘 우리는 생각하기를 그는 징벌을 받아 하나님께 맞으며 고난을 당한다 하였노라

5 그가 찔림은 우리의 허물 때문이요 그가 상함은 우리의 죄악 때문이라 그가 징계를 받으므로 우리는 평화를 누리고 그가 채찍에 맞으므로 우리는 나음을 받았도다
6 우리는 다 양 같아서 그릇 행하여 각기 제 길로 갔거늘 여호와께서는 우리 모두의 죄악을 그에게 담당시키셨도다"

6절에서 **예수님이 고난을 받으셔야 했던 이유**를 밝히고 있습니다. 그 이유는 우리가 목자 없는 양처럼 잘못된 길을 갔기 때문입니다. 마가복음 6장 34절에서 이렇게 말씀하십니다. "예수께서 나오사 큰 무리를 보시고 그 목자 없는 양 같음으로 인하여 불쌍히 여기사 이에 여러 가지로 가르치시더라"

예수님께서는 자신은 '목자', 우리들은 '양'의 관계로 보시고, 우리를 얼마나 불쌍히 보셨는지 모릅니다. 양은 목자의 인도를 받을 때 가장 유익한 존재가 된다고 합니다. 마찬가지로 우리가 참 목자이신 예수님을 좇을 때, 우리의 건강도, 우리가 가진 지식과 재능도, 우리의 물질도 모두 살리는 데 쓰임 받게 됩니다. **예수님은 우리를 구원하시기 위해 십자가에 달려 속죄물이 되셨습니다. 우리도 예수님을 닮아, 우리에게 맡기신 십자가를 기꺼이 져야 합니다.**

다른 면에서 예수님과 우리의 관계를 생각해 봅니다. 스승과 제자의 관계로 비유하여 설명드려 보겠습니다. 대학 시절을 떠올려 보십시오. 제자가 선생님(교수)을 자주 찾아 뵙고 말씀을 듣다 보면

얼마나 가까워지고 존경하게 되며, 선생님께 실망시켜 드리지 않는 제자가 되기 위해 얼마나 애쓰게 되는지요. 선생님께서 알아주시고 아껴주시는 제자가 될 때의 기쁨은 말로 다 표현할 수 없습니다. 마찬가지로, 우리가 예수님을 자주 찾아 뵙고 말씀(기도)을 나누다 보면, **예수님의 뜻대로 살아야겠다는 자연스러운 마음이 생기고, 그 마음을 행동으로 옮기게 되지요.**

기도의 본을 자주 보여주신 성경을 보겠습니다.

〈마가복음 14:32, 37-40〉
"32 그들이 겟세마네라 하는 곳에 이르매 **예수께서 제자들에게 이르시되** 내가 **기도할 동안에 너희는 여기 앉아 있으라** 하시고
(중략)
37 돌아오사 제자들이 자는 것을 보시고 베드로에게 말씀하시되 시몬아 자느냐 네가 한 시간도 깨어 있을 수 없더냐
38 **시험에 들지 않게 깨어 있어 기도하라** 마음에는 원이로되 육신이 약하도다 하시고"

이 정도로 이 편을 마치겠습니다. 감사합니다.

08
성령은 어떤 분이신가

초등학교 학생들은 단순해서 **하나님, 예수님, 성령님 세 분이 계시다는 사실을** 알거나 믿습니다. 그러나 제가 가진 실력으로 성령님에 대해 정확하게 설명하기는 어려운 부분이 있습니다. 성령님에 대해 더 깊이 알고 싶으시면 각 교회의 목사님께 여쭤보시고, 그분들께서 제공해 주시는 말씀을 통해 더 많은 이해를 쌓아가시길 바랍니다.

이 66권의 성경 속에는 성부·성자·성령 중 어느 하나나 혹은 둘에 대해서만 다루고 있지 않습니다. **이 성경은 하나님의 감동으로 된 것이기에** 그 하나님은 성부·성자·성령 하나님인 것을 알아야 합니다. 다시 말해, **성부, 성자, 성령은 각각 구별되지만 한 인격체**로서 존재하시며, 이를 삼위일체라고 합니다. 삼위일체는 하나님이 한 분이시지만 세 분으로 나타나시는 신비로운 진리를 나타내는 표현입니다.

우리 그리스도인의 삶은 성령 안에서 사는 삶입니다. 그렇다면 하나님은 어떻게 **성령을 통해 우리를 자녀로 삼으시고** 이끌어 주시는 것일까요?

바울은 **갈라디아서 4장**과 **로마서 8장**에서, 하나님께서 성령을 통해 우리가 하나님을 '아바 아버지'라고 부를 수 있도록 하셨음을 강조하고 있습니다.

〈갈라디아서 4:6〉
"너희가 아들이므로 하나님이 그 아들의 영을 우리 마음 가운데 보내사 아빠 아버지라 부르게 하셨느니라"

〈로마서 8:14-15〉
"14 무릇 하나님의 영으로 인도함을 받는 사람은 곧 하나님의 아들이라 15 너희는 다시 무서워하는 종의 영을 받지 아니하고 양자의 영을 받았으므로 우리가 아빠 아버지라고 부르짖느니라"

하나님의 영을 소유한 모든 사람은 하나님의 자녀입니다. 하나님의 자녀라면 누구나 하나님의 영, 즉 성령을 소유하고 있습니다. 바울은 또한 로마서 8장 9절에서 **"만일 너희 속에 하나님의 영이 거하시면** 너희가 육신에 있지 아니하고 영에 있나니 **누구든지 그리스**

도의 영이 없으면 그리스도의 사람이 아니라"고 말하고 있습니다.

그리스도인의 삶은 성령 안에서 살아가는 삶입니다. 은혜로우신 **하나님의 성령의 사역이 없이는 그리스도인으로서 살아가며 성장하는 것은 고사하고 그리스도인이 되는 것조차** 불가능합니다. 그리스도인으로서 우리의 모든 소유와 존재는 다 그분에게서 말미암은 것입니다. 모든 그리스도인은 그리스도의 삶이 시작하는 그 순간부터 성령을 경험하게 됩니다. 왜냐하면 그리스도인의 삶은 거듭남으로부터 시작되며, 이 거듭남은 바로 '성령으로' 태어나는 것이기 때문입니다.

〈요한복음 3:3-8〉
"3 예수께서 대답하여 이르시되 진실로 진실로 네게 이르노니 사람이 거듭나지 아니하면 하나님의 나라를 볼 수 없느니라
(중략)
5 예수께서 대답하시되 진실로 진실로 네게 이르노니 **사람이 물과 성령으로 나지 아니하면 하나님의 나라에 들어갈 수 없느니라**
6 육으로 난 것은 육이요 영으로 난 것은 영이니
7 내가 네게 거듭나야 하겠다 하는 말을 놀랍게 여기지 말라
8 바람이 임의로 불매 네가 그 소리는 들어도 어디서 와서 어디로 가는지 알지 못하나니 성령으로 난 사람도 다 그러하니라"

그러면 '성령(하나님의 영)'이 성경에 언제 어떻게 등장했는지 두서없이 소개하겠습니다.

1. 우리의 몸은 성령의 전이다

〈고린도전서 6:19-20〉

"19 **너희 몸**은 너희가 하나님께로부터 받은 바 너희 가운데 계신 **성령의 전인 줄을 알지 못하느냐** 너희는 너희 자신의 것이 아니라

20 값으로 산 것이 되었으니 그런즉 너희 몸으로 하나님께 영광을 돌리라"

우리의 몸은 단순한 육체가 아니라 하나님께서 그 안에 거하시는 성령의 전입니다. 그러므로 우리의 몸은 하나님께 영광을 돌려야 할 곳으로, 하나님을 기쁘시게 하는 삶을 살아야 한다는 의미가 담겨 있습니다.

2. 성령은 육체의 욕심을 거스른다

〈갈라디아서 5:16-17〉

"16 내가 이르노니 **너희는 성령을 따라 행하라** 그리하면 육체의 욕심을 이루지 아니하리라

17 육체의 소욕은 성령을 거스르고 성령은 육체를 거스르나니 이 둘이 서로 대적함으로 너희가 원하는 것을 하지 못하게 하려 함이니라"

위에서 바울은 두 가지 삶의 원리를 제시합니다. 하나는 성령의 원리요, 다른 하나는 육체의 원리입니다. 두 원리는 그리스도인의 삶에서 갈등의 원리로 서로 대립한다고 말씀하시고 있습니다(17절). 그리하여 그리스도인이 육체의 소욕을 따르게 되면 육체의 일

을 맺게 되며, 성령의 소욕을 따라 행하게 되면 성령의 열매를 맺게 된다고 말씀하신 것입니다.

3. 성령으로 봉사하라

〈빌립보서 3:3〉
"하나님의 성령으로 봉사하며 그리스도 예수로 자랑하고 육체를 신뢰하지 아니하는 우리가 곧 할례파라"

4. 믿음으로 성령을 받다

〈갈라디아서 3:2-14〉
"2 내가 너희에게서 다만 이것을 알려 하노니 너희가 성령을 받은 것이 율법의 행위로냐 혹은 듣고 믿음으로냐
3 너희가 이같이 어리석으냐 성령으로 시작하였다가 이제는 육체로 마치겠느냐
(중략)
5 너희에게 성령을 주시고 너희 가운데서 능력을 행하시는 이의 일이 율법의 행위에서냐 혹은 듣고 믿음에서냐
(중략)
14 이는 그리스도 예수 안에서 아브라함의 복이 이방인에게 미치게 하고 또 우리로 하여금 믿음으로 말미암아 성령의 약속을 받게 하려 함이라"

5. 예수의 이름으로 성령을 받다

〈사도행전 8:15-18〉
"15 그들이 내려가서 그들을 위하여 성령 받기를 기도하니
16 이는 아직 한 사람에게도 성령 내리신 일이 없고 오직 주 예수의 이름으로 세례만 받을 뿐이더라
17 이에 두 사도가 그들에게 안수하매 성령을 받는지라
18 시몬이 사도들의 안수로 성령 받는 것을 보고 돈을 드려"

6. 성령은 하나님이시다

〈데살로니가전서 4:8〉
"그러므로 저버리는 자는 사람을 저버림이 아니요 너희에게 그의 성령을 주신 하나님을 저버림이니라"

7. 성령은 믿는 자 안에 거하신다

〈요한일서 3:24〉
"그의 계명을 지키는 자는 주 안에 거하고 주는 그의 안에 거하시나니 우리에게 주신 성령으로 말미암아 그가 우리 안에 거하시는 줄을 우리가 아느니라"

09
설교문 '하나님의 사랑'
(2006.11.13.)

〈로마서 5:8〉
"우리가 아직 죄인 되었을 때에 그리스도께서 우리를 위하여 죽으심으로 하나님께서 우리에 대한 자기의 사랑을 확증하셨느니라"

오늘 예배 시간에 말씀을 증거할 수 있도록 복을 주신 하나님께 먼저 감사드립니다.

여러분은 구원의 확신을 언제 갖게 되셨습니까? 저는 지난해 말, 삼십삼 년 간의 시무장로직을 마치고 이제 원로장로로 교회를 섬기고 있지만, **'하나님께서 진정 나를 사랑하고 계시는구나'**라는 큰 깨달음을 얻은 것은 부끄럽게도 최근의 일입니다. 물론 하나님께서 저를 사랑하시고 택하시어 장로의 사명을 맡기셨고, 그동안 구원의 확신을 가지고 살아왔지만, 그 확신이 제 마음 깊숙이 새겨진 사건이 바로 최근의 일이라는 점을 고백하고자 합니다. 작년에 저는 사십칠 년 간의 직장 생활을 마치고, 지난 여름 모퉁이돌 북한 선교회의 여름 수련회에 참가하여 큰 은혜와 감동을 받았습니다. 그 수련회에서 받은 말씀과 사랑은 제 삶에 깊은 변화를 가져왔습니다. 오늘, 그 말씀을 여러분과 나누고자 합니다.

그 목사님은 **하나님의 이야기가 복음**이라고 보셨습니다. **하나님은 우리를 지극히 사랑하고 계십니다.** 그 사랑을 인간에게 전하기 위해 기록된 것이 바로 복음이라는 것입니다. 구약이 특히 그 사랑을 잘 보여준다고 말씀하셨습니다.

하나님께서는 모든 것을 말씀으로 지으셨지만, '사람'만은 특별히 흙으로 빚으시고 '하나님의 형상'대로 만드셨습니다. 절대 같은 모양이 없다는 것이고, 사람만은 하나님께서 자신처럼 인격을 주셨다, 즉 하나님의 인격적인 손길로 사람이 만들어졌다는 것이지요. 또한 흙으로 빚었다는 표현은 아브라함의 고백처럼, 인간이 티끌과 재와 같은 연약한 육체를 가진 존재임을 강조하는 의미도 담고 있습니다. 이는 우리가 하나님을 의지하며 살아갈 수밖에 없음을 나타낸다고 볼 수 있습니다.

창조하신 후, 하나님께서는 '심히 좋았더라'라고 하셨습니다. 또한, 창세기 1장 27절부터 28절을 보면, "하나님이 자기 형상 곧 하나님의 형상대로 사람을 창조하시되, 남자와 여자를 창조하시고, 하나님이 그들에게 복을 주시며 그들에게 이르시되, 생육하고 번성하여 땅에 충만하라 땅을 정복하라"고 명령하셨습니다.

하나님께서는 "동방의 에덴에 동산을 창설하시고 그 지으신 사람을 거기 두시니라, 여호와 하나님이 그 땅에서 보기에 아름답고 먹기에 좋은 나무가 나게 하시니 동산 가운데에는 생명나무와 선악을 알게 하는 나무도 있더라."(창2:8-9)고 하셨습니다. 그리고 명하시되 "동산 각종 나무의 열매는 네가 임의로 먹되, 선악을 알게 하는 나무의 열매는 먹지 말라 네가 먹는 날에는 정녕 죽으리라" 하셨지요. 그리고 사람이 혼자 사는 것이 좋지 못하여 돕는 배필을 지으셨습니다.

그런데 인간이 간교한 뱀의 꾀임에 빠져 선악과를 먹고 동산에서 쫓겨났다는 이야기는 다 아는 이야기이지요. 사탄이 하나님께서 인간과 아주 사이좋게 사시는 것을 시기하여, 이간시키고 '분리'시켜 '함께 있는 것'을 무너뜨리려 뱀을 하와에게 보내어 선악과를 먹게 한 사건을 매우 잘 알고 있지요. 사탄은 '선악과'를 먹으면 하나님 같이 되리라 꾀지요.

왜 하나님과 같이 있으려 하니? 눈치보며 살려 하니? 골치 아픈 일이 많아지는데 왜 같이 살려 하니? 문안도 드려야하고 귀찮지 않니? 독립만 하면 네가 눈치 안 보고 주인이 되어 자유롭게 잘 살텐

삼위일체 하나님을 만나다

데. 네가 하나님이 되어 아주 자유롭게 살라고 꾀지요. 하나님께서는 **'함께 있기'**를 지극히 원하십니다. '타락'은 다른 것이 아니라, '함께 있음'을 부정하는 것입니다. **'함께 있고 싶어'**하시는 하나님의 마음을 모르는 체하는 것이 죄입니다.

기도는 하나님과의 대화이므로, 하나님께서는 우리가 늘 하나님 앞에 나와 기도하기를 원하십니다. 하나님께서는 이사야 43장 1절에서 '너는 내 것이라' 하셨고, 고린도전서 6장 19절부터 20절에서는 **"너희 몸은 너희가 하나님께로부터 받은 바 너희 가운데 계신 성령의 전인 줄 알지 못하느냐 너희는 너희 자신의 것이 아니라 값으로 산 것이 되었으니 그런즉 너희 몸으로 하나님께 영광을 돌리라"**라고 하셨습니다. 또 이사야 43장 21절에서 "이 백성은 내가 나를 위하여 지었나니"라고 하셨습니다.

하나님께서는 우리와 늘 대화하며 함께 있기를 원하십니다. 그런데 우리들은 필요한 때만 찾아가지요. 헌금 들고 찾아가겠다고 하지요. 일정한 날만을 정해 찾아가려 하지요. 그러나 기도는 하나님과의 대화입니다. 그래서 사무엘상 12장 23절에서는 **"나는 너희를 위하여 기도하기를 쉬는 죄를 여호와 앞에 결단코 범하지 아니하고 선하고 의로운 길을 너희에게 가르칠 것인즉"**이라고 하였습니다.

그런데, **'함께 있고 싶어하는 하나님의 마음'**을 산산조각 낸 사건이 바로 선악과 사건입니다. 하나님은 속삭이듯이 말씀하셨지요.

에스겔 36장 28절에 "내가 너희 조상들에게 준 땅에서 너희가 거주하면서 내 백성이 되고 나는 너희 하나님이 되리라."라고 하셨지요. '내가 너희와 함께 있어, 나는 너희 하나님이 되고, 너희는 내 백성이 되리라'. 이것이 언약입니다. 하나님께서는 사람을 지으시고 이렇게 고백하시지요, '왜 만들었는 줄 아느냐? 너희와 함께 있고 싶어서였다'고. 그런데 사탄이 불청객 '뱀'을 시켜 음모를 꾸미게 했고, 선악과를 따먹은 순간 벌거벗은 부끄러운 모습만 남았지요. 그들은 무화과나무 잎으로 가린 채 서로를 외면하고 나무 그늘에 숨어 있는 죄인의 모습을 보였지만, 하나님은 다 알고 계셨지요.

하나님께서 그렇게 믿고 사랑하셨던, 하나님의 형상대로 지음 받은 인간이, '우리끼리 살게요', '선물 가지고 가끔 찾아갈게요', '이메일 보낼게요, 전화드릴게요'라고 하는 것이, **이것이 현재 우리의 모습입니다.**

하나님께서 '아담아, 어디 있느냐?'라고 물으신 것은 모르실 하나님이 아니십니다. 하나님께서는 아담에게 '가죽옷'을 입혀 내보내셨지요. 죄인과 함께 있을 수 없으시기 때문이지요. 이 부분에서 제사의 의미가 나옵니다. 아담이 **에덴동산에서 가죽옷을 입었다는 것은 하나님께 제사를 드렸다는 의미로** 해석해야 합니다. 인간이 저주 받았다고 하는데, 아닙니다. 사랑을 표현할 방법이 그것밖에 없어서, 더 해줄래야 죄인인지라 더 해줄 수 없으니, 최선의 방법으로 하나님께서는 짐승을 잡아 피 묻은 가죽옷을 부들부들 떨고 있는 아담과 하와에게 입혀 주시고는, '이 상태의 **죄인과 함께 살 수 없으니. 함께 살면 죽는데. 생명이 단축되는데. 어쩔 수 없다. 그래서 내쫓을 수밖에 없다.**' 하신 것이지요. 사랑의 표현 방법이 그것 밖에 없었습니다. 다시 되돌릴 수 없는 것은 피 묻은 옷으로 덮어두어라. 고칠 수 없는 것은 예수 그리스도의 옷으로 덮어 두어라. 사랑의 하나님께서 고치실 날이 오리라.

레위기 7장에는 번제 이야기가 나옵니다. 제사로 드려야 할 짐승의 가죽을 벗겨 속에 있는 것을 모두 다 태워드리고, 즉 하나님께 번제 드리고, 제사장은 그 가죽을 집으로 가져오는 것을 번제라고 하지요.

사랑의 하나님께서 아담과 하와에게 '꼭 찾아와야 돼', '짐승으로 제사드리고, 짐승을 제물로 대신 드리고 꼭 찾아와야 돼', '아니 언젠가 너희를 찾아볼게', '잊지 않을게', '버리지 않을 거야', '언젠가 너희들을 꼭 찾아올게'. 이것이 구약에서 사랑의 하나님이 하시는 말씀입니다.

福(복)은 '神(신)'이 田(밭)을 주어 동산 밖에서 일궈 먹으라는 뜻입니다. 저주가 아니라 복을 주신 겁니다. 복(福) 이란 하나님이 사람에게 근본 된 토지를 갈게 주신 겁니다. 저주가 아닙니다. 사랑의 표현입니다. 하나님께서는 피 묻은 짐승 가죽옷을 입히시고, 하나님 앞으로 나올 수 있는 제사를 할 수 있는 법을 가르쳐 주시며, **예**

덴동산 밖으로 내보내시고, 살아갈 수 있는 근본 토지를 주신 것입니다. 에덴동산 밖으로 아담과 하와를 쫓아내셨지만, **하나님은 혼자 계신 꼴이 되셨습니다. '혼자 갇혀 있게 된 것'입니다.**

문제는 그 지점에서 풀어야 합니다. 하나님이 동산에서 철수하지 않으시고, 하나님 자신이 갇혀 있는 꼴이 되셨습니다. 하나님은 외롭게 되신 것입니다. **이것을 그대로 만든 것이 무엇인지 아십니까? 바로 '성막'입니다.**

하나님은 아담을 내쫓으시고, '아, 시원하다' 하셨겠습니까? 한번 생각해 보세요. 아버지가 아들이 잘못했다고 내쫓는 장면을 상상해 보세요. 아버지가 아들을 내보냈다고 가정해 보세요. 잠이 오겠습니까?

하나님께서는 하염없이 눈물을 흘리시며 바라보고 계셨습니다. 언제 저 인간을 건져낼꼬? **언제 내가 저들과 함께 할 수 있을까? 언제 내가 그들 가운데 들어가 살며, 내가 그들의 하나님이 되고, 그들은 내 백성이 될꼬?**

이 장면은 이렇게 연결됩니다. '출애굽'은 400년간 애굽에서 종살이하던 백성을 하나님께서 끌어내어, 하나님의 권능으로 열 번째 재앙인 유월절 사건을 통해 구원을 이루시는 것을 보여준 사건입니다.

하나님께서 이스라엘 백성을 애굽에서 이끌어 낸 목적이 무엇입니까? 그 목적은 구원, 예배, 영광이라고 할 수 있지만, 출애굽기 29장 45절부터 46절을 보면 "내가 이스라엘 자손 중에 거하여 그들의 하나님이 되리니 그들은 내가 그들의 하나님 여호와로서 그들 중에 거하려고 그들을 애굽 땅에서 인도하여 낸 줄을 알리라 나는 그들의 하나님 여호와니라."라고 말씀하셨습니다.

'내가 그들 가운데 거하여'. 즉, 하나님께서는 거할 집을 찾고 계셨다는 사실을 아셔야 합니다. 하나님께서 무엇을 발견하셨냐면, 이스라엘 백성을 택하시고, 노예 상태에서 건져내시고, 약속의 땅으로 인도하신 후 '내가 너희 가운데 거하고 싶다'는 간절한 마음을 표현한 것이 바로 '성막'입니다. 하나님께서 함께 살고자 하신 그 마음이 '성막'으로 나타난 것입니다.

성막의 지성소에 사람은 그래도 일 년에 한 번은 들어갔지만, 하나님께서는 한 번도 밖으로 나오신 적이 없다는 사실을 아셔야 합니다. 사람은 속죄 기간에 송아지를 잡아 가지고 들어갔지만, 사실 당신 집이라고 말하는 그 성막 주인이신 하나님께서는 한 번도 나오시지를 못하시는 겁니다. 하나님께서는 캄캄한 성막 속에 갇혀 한 번도 나오지 못하시고 계신 겁니다.

사람은 하나님을 직접 보는 순간 죽게 됩니다. 예수님은 그 하나님을 모시고 계신데, **즉 예수님은 하나님을 감싸고 있습니다.** 사람이 하나님을 보면 죽게 되므로, 예수님은 자신의 몸으로 그분을 감싸신 것입니다. 결국 **하나님께서는 외아들 예수님을 십자가에 내어주셨고, 그 순간 성막의 휘장이 찢어졌습니다.**

성막의 휘장은 '예수'입니다. 예수님의 육체를 나타내며, 예수님이 십자가에 달리신 순간 휘장이 찢어졌습니다. 예수님의 피는 콸콸 흘러 쏟아졌습니다. 그 안에 있던 그 하나님의 자유, 인간이 범죄 한 이후 그 제한된 공간에서, 사랑하는 인간에게 오실 수 없었는데, 하나님께서 예수의 피(血)를 밟고 갇힌 공간에서 나오신 것입니다. '얘들아! 내가 너희를 이처럼 사랑한다. **함께 살며 늘 대화하자**' 하신 것입니다.

그래서 **이제 우리는 직접 하나님과 대화할 수 있게 된 것입니다. 기도할 수 있게 되었고, 직접 부르짖을 수 있게 되었습니다. 우리의 죄를 직접 고하고 용서를 빌 수 있게 된 것입니다.** 예수님이 자신의 몸을 십자가에 다신 순간, 하나님 아버지의 소원이 이루어진 것입니다.

히브리서 10장 10절부터 12절에 보면 "이 뜻을 따라 예수 그리스도의 몸을 단번에 드리심으로 말미암아 우리가 거룩함을 얻었노라 제사장마다 매일 서서 섬기며 자주 같은 제사를 드리되 이 제사는 언제나 죄를 없게 하지 못하거니와 오직 그리스도는 죄를 위하여 한 영원한 제사를 드리시고…"라고 기록되어 있습니다.

그렇습니다. **예수님이 우리의 죄를 대신하여 십자가에 달리심으로 단번에 우리의 죄가 사해졌고,** 영원한 구원을 얻게 된 것입니다. 전에는 제사장을 통해 제사를 드려 죄를 용서받았지만, 이제는 우리가 직접 하나님께 죄를 고할 수 있게 된 것입니다. 예수님이 돌아가시기 전까지는 사람이 죄를 지으면 제사장이 어린 양을 제물로 드리며 죄를 사해 달라고 했습니다. 구약시대 제사 제도는 얼마나 복잡합니까? 얼마나 힘들었겠습니까? 예수님은 십자가에서 돌아가신 후 삼일 만에 부활하셨습니다. 죽음을 물리치셨습니다. 승리하셨습니다. **하늘로 올라가시면서 제자들에게 성령을 보내시겠다고 하셨습니다. 우리는 성령의 인도하심에 따라 살아가야 하겠습니다.**

예수님의 몸을 상징하는 그 성막의 '휘장'이 찢어짐으로, 우리는 이제 직접 하나님께 죄를 고하고 용서받을 수 있게 되었습니다. 그 '휘장'은 두 마리 말이 양쪽에서 잡아끌어도 찢어지지 않을 만큼 강한 실로 직조해서 만든 것이라 합니다.

성막이 성전이 되고, 성전이 움직이더니, 그 움직이는 성전이 바로 예수 그리스도로, 그분이 우리의 죄를 대신하신 것입니다. 사도 바울은 이 장면을 에베소서 2장 13절부터 18절까지에서 그대로 보여 주고 있습니다.

〈에베소서 2:13-18〉
"13 이제는 전에 멀리 있던 너희가 그리스도 예수 안에서 그리스도의 피로 가까워졌느니라

14 그는 우리의 화평이신지라 둘로 하나를 만드사 원수 된 것 곧 중간에 막힌 담을 자기 육체로 허시고
15 법조문으로 된 계명의 율법을 폐하셨으니 이는 이 둘로 자기 안에서 한 새 사람을 지어 화평하게 하시고
16 또 십자가로 이 둘을 한 몸으로 하나님과 화목하게 하려 하심이라 원수 된 것을 십자가로 소멸하시고
17 또 오셔서 먼 데 있는 너희에게 평안을 전하시고 가까운 데 있는 자들에게 평안을 전하셨으니
18 이는 그로 말미암아 우리 둘이 한 성령 안에서 아버지께 나아감을 얻게 하려 하심이라"

예수님은 십자가에서 마지막으로 "다 이루었다"라고 고백하십니다. 하나님의 꿈이, 아버지의 소원이 다 이루어진 것입니다.

그래서 로마서 5장 8절에서도 "우리가 아직 죄인 되었을 때에 그리스도께서 우리를 위하여 죽으심으로 하나님께서 우리에 대한 자기의 사랑을 확증하셨느니라"라고 기록된 것입니다. 이제 우리는 죄로부터 자유로운 존재가 된 것입니다.

말씀을 마치겠습니다. 하나님은 우리를 지극히 사랑하십니다. 하나님은 사랑하는 자녀와 늘 함께 있고 싶어 하십니다. 죄인인 우리와 함께 할 수 없으시기에 예수님을 보내셨습니다. **예수의 피를 바른 우리, 십자가의 예수를 믿는 우리와 함께 있고 싶어 하십니다.**

거하고 싶어 하십니다. 다시 말씀드리면 **자녀인 우리와 함께 있어 대화하고 싶어 하십니다.** 마치 우리 부모들이 자녀와 늘 함께 살기를, 함께 지내기를 얼마나 속으로 바라십니까? 원하십니까? 하나님과 함께 있으려면 항상 성결한 삶을 살아야 합니다.

하나님은 함께 있기를 원하실 뿐 아니라, **늘 대화하기를 원하십니다. 대화가 무엇입니까? 기도입니다.** 하나님께서는 우리가 기도하기를 정말 원하십니다. 기도하다 보면 하나님께서 무엇을 원하시는지도 자연히 알게 되지요. 하나님께서는 우리가 그분의 뜻을 좇아 살기를 원하십니다. 기도하지 않아도, 하나님께서는 내가 무엇을 바라고 원하는지 잘 알고 계시지만요.

〈시편 139:2-5〉
"2 주께서 내가 앉고 일어섬을 아시고 멀리서도 나의 생각을 밝히 아시오며
3 나의 모든 길과 내가 눕는 것을 살펴 보셨으므로 나의 모든 행위를 익히 아시오니
4 여호와여 내 혀의 말을 알지 못하시는 것이 하나도 없으시니이다
5 주께서 나의 앞뒤를 둘러싸시고 내게 안수하셨나이다"

기도하다 보면 자연히 성결한 삶을 살게 되고, 평강과 감사를 누리게 됩니다.

데살로니가전서 5장 16절부터 18절까지의 말씀을 기억하시고, 잘 준행하십시다.

〈데살로니가전서 5:16-18〉
"16 항상 기뻐하라
17 쉬지 말고 기도하라
18 범사에 감사하라 이것이 그리스도 예수 안에서 너희를 향하신 하나님의 뜻이니라"

기도하십시다.

감사합니다.

제3장
하나님의 말씀을 따르다

"믿음이 없이는 하나님을 기쁘시게 하지 못하나니
하나님께 나아가는 자는 반드시
그가 계신 것과 또한 그가 자기를 찾는 자들에게
상 주시는 이심을 믿어야 할지니라"

히브리서 11:6

10 하나님이 기뻐하시는 삶이란
11 주일 성수와 축복에 대하여
12 믿음이란 무엇인가

10
하나님이 기뻐하시는 삶이란

우리가 하나님의 자녀로 택함을 받고 구원받은 자녀로 살고 있으니 얼마나 복된 삶입니까. 그러니 우리가 어떻게 살아야 하나님께서 기뻐하실지를 생각하며 살아야 되겠지요. 하나님께서 기뻐하시는 삶이 무엇일까 늘 묵상해야 합니다. 늘 묵상하고 실천에 옮겨야 합니다.

실은, 성도라면 이미 답을 알고 있습니다. 다만, 그것을 실천에 옮기는 것이 매우 어려울 뿐입니다. **하나님의 말씀대로, 하나님의 뜻대로 살면, 분명히 하나님께서 기뻐하신다**는 사실을 우리는 알고 있습니다. 처음에는 억지로라도 하나님의 뜻대로, 예수님의 말씀대로 살아야 합니다.

성경에 등장하는 구레네 시몬의 이야기가 있습니다. 예수님께서 골고다로 십자가를 지고 가실 때, 지나가던 구레네 시몬에게 억지로 십자가를 대신 지게 하셨습니다. 그로 인해 그는 평생 복된 삶을 살았으며, 그의 자손들도 하나님의 뜻대로 살아갔다는 말씀이 마가복음 15장 21절에 기록되어 있습니다. 구레네 시몬은 알렉산더와 루포의 아버지로 알려져 있습니다. 특히, 로마 교회의 지도자 중 한 명이었던 루포는 그의 아버지가 예수님의 십자가를 대신 지신 사건을 계기로 회심하였다고 전해지고 있습니다.

억지로라도 하나님의 뜻대로 살려고 노력하다 보면, 점점 믿음이 자라게 됩니다. 믿음이 자라는 것을 어떻게 알 수 있을까요? 저는 감히 이렇게 말할 수 있습니다. 그것은 바로 '평강과 감사'입니다. **'평강과 감사'가 넘치는 삶이 바로 믿음이 자란 삶의 표징입니다.** "항상 기뻐하라, 쉬지 말고 기도하라, 범사에 감사하라"는 말씀처럼, 그 삶이 조금씩 실천에 옮겨지게 됩니다. 그렇게 되면, 진정으로 '감사'가 넘치는 삶을 살아가게 됩니다.

우리 하나님의 자녀들을 구원해 주시지 않았다면, 우리는 어떻게 되었을까를 깊이 생각해야 합니다.

여러 번 언급했습니다만, 하나님의 독생자 예수 그리스도는 우리를 구원하시기 위해 하늘의 모든 부요와 영광을 버리시고 육신을 입고 이 세상에 오셔서 십자가에 달려 죽으셨습니다. 이 사실을 깊이 깨닫고, 하나님 뜻대로, 말씀대로 살아가는 것이 바로 하나님이 기뻐하시는 삶입니다.

〈고린도후서 5:21〉
"하나님이 죄를 알지도 못하신 이를 우리를 대신하여 죄로 삼으신 것(십자가에 달려 죽게 하심)은 우리로 하여금 그 안에서 하나님의 의가 되게 하려 하심이라"

앞 부분에서 언급했습니다만, 성도들이 가장 잘 준행해야 할 세 가지가 있다고 다시 한번 감히 말씀드립니다. 첫째는 주일을 잘 준행하는 일이요, 둘째는 '기도' 생활을 잘 하는 것이요, 셋째는 '물질'로 헌신하는 삶이 귀하다고 강조 드린 바 있지요.

첫째인, 주일을 잘 지키는 삶이야말로 하나님께서 가장 기뻐하시는 삶입니다. '주일 성수와 축복에 대하여' 편을 꼭 다시 한번 읽어 보시기를 권해드립니다. 주일을 성실히 준수하는 것은 우리가 하나님과의 깊은 교제를 유지하며, 그분께 영광을 돌리는 중요한 방법입니다.

앞서 언급했듯이, 부모의 입장에서 보면 어떤 자식이 속으로 더 사랑스럽고 믿음직스럽게 여겨지던가요? 건강하게 자라나면서 부모의 말씀에 잘 순종하고, 스스로 열심히 공부하며 학교생활이나 사회생활을 성실히 해 나간다면, 부모가 얼마나 기쁜지 모르지요.

얼마나 믿음직스러운지 모르지요. 하나님께서도 마찬가지이십니다. '주일을 잘 지켜라' 하신 말씀을 순종하는 것만으로도 하나님께서는 큰 기쁨을 느끼시고, 우리를 더욱 귀하게 여기실 것입니다.

다시 강조 드립니다. **주일만 잘 지켜도 '평강과 감사'가 마음에 차오르고, 세상이 조금씩 달리 보이기 시작합니다.** 이 세상의 헛된 것들, 허망한 것들로부터 서서히 자유로워지게 됩니다. 육신의 정욕에서부터도 조금씩 벗어날 수 있습니다. 또한, 이 세상에서 가장 헛된 것 중 하나인 '재물'에 대한 욕심으로부터도 조금씩 자유로워집니다. 왜냐구요? 하나님의 말씀을 대언해 선포하시는 목사님의 설교를 통해 매주 하나님의 뜻을 배우고, 그 말씀을 들을 때 우리의 마음이 점차 깨달음을 얻으며, 그 깨달음이 자연스럽게 실천으로 옮겨지게 되니까요.

제가 늘 묵상하고 앞으로도 여러 곳에서 자주 인용할 말씀을 보시겠습니다.

〈요한1서 2:15-17〉
"15 **이 세상이나 세상에 있는 것들을 사랑하지 말라** 누구든지 세상을 사랑하면 아버지의 사랑이 그 안에 있지 아니하니
16 이는 **세상에 있는 모든 것이 육신의 정욕과 안목의 정욕과 이생의 자랑이니** 다 아버지께로부터 온 것이 아니요 세상으로부터 온 것이라
17 이 세상도, 그 정욕도 지나가되 **오직 하나님의 뜻을 행하는 자는 영원히 거하느니라**"

다음 말씀도 제가 자주 묵상하는 말씀입니다.

〈마태복음 6:24-34〉

"24 한 사람이 두 주인을 섬기지 못할 것이니 혹 이를 미워하고 저를 사랑하거나 혹 이를 중히 여기고 저를 경히 여김이라 **너희가 하나님과 재물을 겸하여 섬기지 못하느니라**

25 그러므로 내가 너희에게 이르노니 목숨을 위하여 무엇을 먹을까 무엇을 마실까 몸을 위하여 무엇을 입을까 염려하지 말라 (중략)

26 공중의 새를 보라 심지도 않고 거두지도 않고 창고에 모아들이지도 아니하되 너희 하늘 아버지께서 기르시나니 너희는 이것들보다 귀하지 아니하냐

28 (중략) 들의 백합화가 어떻게 자라는가 생각하여 보라 수고도 아니하고 길쌈도 아니하느니라

(중략)

30 오늘 있다가 내일 아궁이에 던져지는 들풀도 하나님이 이렇게 입히시거든 하물며 너희일까보냐 (중략)

33 그런즉 **너희는 먼저 그의 나라와 그의 의를 구하라 그리하면 이 모든 것을 너희에게 더하시리라**

34 그러므로 내일 일을 위하여 염려하지 말라 내일 일은 내일이 염려할 것이요 한날의 괴로움은 그 날로 족하니라"

다음으로는, **늘 기도해야 합니다.** '기도 생활'이 얼마나 중요한 지 모릅니다. '쉬지말고 기도하라' 편을 여러 번 읽어 보시고, 꼭 실천하시기를 권면 드립니다.

⟨데살로니가전서 5:16-18⟩

"16 항상 기뻐하라

17 쉬지 말고 기도하라

18 범사에 감사하라 (중략)"

⟨예레미야 29:12-13⟩

"12 **너희가 내게 부르짖으며 내게 와서 기도하면 내가 너희들의 기도를 들을 것이요**

13 **너희가 온 마음으로 나를 구하면 나를 찾을 것이요 나를 만나리라**"

⟨잠언 8:17⟩

"나를 사랑하는 자들이 나의 사랑을 입으며 **나를 간절히 찾는** 자가 나를 만날 것이니라"

⟨이사야 58:9⟩

"네가 부를 때에는 **나 여호와가 응답하겠고** 네가 부르짖을 때에는 내가 여기 있다 하리라 (중략)"

⟨요한복음 15:16⟩

"너희가 나를 택한 것이 아니요 내가 너희를 택하여 세웠나니 이는 너희로 가서 열매를 맺게 하고 또 너희 열매가 항상 있게 하여 **내 이름으로 아버지께 무엇을 구하든지 다 받게 하려 함이라**"

⟨에베소서 6:18-19⟩

"18 모든 기도와 간구를 하되 항상 성령 안에서 기도하고 이를 위하여

깨어 구하기를 항상 힘쓰며 여러 성도를 위하여 구하라
19 또 나를 위하여 구할 것은 내게 말씀을 주사 나로 입을 열어 복음의 비밀을 담대히 알리게 하옵소서 할 것이니"

'기도'에 대한 말씀은 별도의 '쉬지말고 기도하라' 편에서 더욱 자세히 다루도록 하겠습니다.

또한, 열심히 **'전도'**하는 것도 하나님의 명령이요, 하나님께서 기뻐하시는 삶입니다.

〈사도행전 1:8〉
"오직 성령이 너희에게 임하시면 너희가 권능을 받고 예루살렘과 온 유대와 사마리아와 땅 끝까지 이르러 내 증인이 되리라 하시니라"

〈마가복음 16:15-20〉
"15 또 이르시되 너희는 온 천하에 다니며 만민에게 복음을 전파하라
16 믿고 세례를 받는 사람은 구원을 얻을 것이요 믿지 않는 사람은 정죄를 받으리라
17 믿는 자들에게는 이런 표적이 따르리니 곧 그들이 내 이름으로 귀신을 쫓아내며 새 방언을 말하며
18 뱀을 집어올리며 무슨 독을 마실지라도 해를 받지 아니하며 병든 사람에게 손을 얹은즉 나으리라 하시더라
19 주 예수께서 말씀을 마치신 후에 하늘로 올려지사 하나님 우편에 앉으시니라
20 제자들이 나가 두루 전파할새 주께서 함께 역사하사 그 따르는 표적

으로 말씀을 확실히 증언하시니라"

구원을 받은 우리들은 세상의 복만을 구할 것이 아니라, 복음을 전파하라는 말씀을 따라야 합니다. **복음 전파는 우리들에게 주어진 큰 사명**입니다. 이 사명을 충실히 지키는 자에게는, 세상 끝날까지 항상 함께 하겠다고 마태복음 28장에서 약속하셨습니다.

〈마태복음 28:18-20〉
"18 예수께서 나아와 말씀하여 이르시되 하늘과 땅의 모든 권세를 내게 주셨으니
19 그러므로 너희는 가서 모든 민족을 제자로 삼아 아버지와 아들과 성령의 이름으로 세례를 베풀고
20 내가 너희에게 분부한 모든 것을 가르쳐 지키게 하라 볼지어다 **내가 세상 끝날까지 너희와 항상 함께 있으리라 하시니라**"

〈시편 126:5-6〉
"**5 눈물을 흘리며 씨를 뿌리는 자는 기쁨으로 거두리로다**
6 울며 씨를 뿌리러 나가는 자는 반드시 기쁨으로 그 곡식 단을 가지고 돌아오리로다"

〈디모데후서 4:2〉
"너는 말씀을 전파하라 때를 얻든지 못 얻든지 항상 힘쓰라 (중략)"

〈다니엘 12:3〉
"지혜 있는 자는 궁창의 빛과 같이 빛날 것이요 많은 사람을 옳은 데로

돌아오게 한 자는 별과 같이 영원토록 빛나리라"

하나님은 우리들의 **고난을 통하여 하나님의 뜻을 이루어 가시기도 합니다.** 성도들을 고난을 통해 '세상에 흩어지게 하여' 복음을 전하게도 하십니다.

〈사도행전 8:1-6〉
"1 (중략) 그 날에 예루살렘에 있는 교회에 큰 박해가 있어 사도 외에는 다 유대와 사마리아 **모든 땅으로 흩어지니라**
2 경건한 사람들이 스데반을 장사하고 위하여 크게 울더라
3 사울이 교회를 잔멸할새 각 집에 들어가 남녀를 끌어다가 옥에 넘기니라
4 **그 흩어진 사람들이 두루 다니며 복음의 말씀을 전할새**
5 빌립이 사마리아 성에 내려가 그리스도를 백성에게 전파하니
6 무리가 빌립의 말도 듣고 행하는 표적도 보고 한마음으로 그가 하는 말을 따르더라"

우리는 **예수님을 닮아가는 삶**을 살아야 합니다. 예수님께서 기도하시고 전도하시는 모습이 얼마나 많이 등장하는지 모릅니다. 예수님의 기도하는 모습은 그분의 깊은 하나님과의 관계를 보여 주며, 전도하는 모습은 세상에 하나님의 복음을 전하기 위한 그분의 사명을 드러냅니다.

〈마가복음 1:35-39〉
"35 새벽 아직도 밝기 전에 예수께서 일어나 나가 **한적한 곳으로 가사**

거기서 기도하시더니

36 시몬과 및 그와 함께 있는 자들이 예수의 뒤를 따라가
37 만나서 이르되 모든 사람이 주를 찾나이다
38 이르시되 우리가 다른 가까운 마을들로 가자 **거기서도 전도하리니** 내가 이를 위하여 왔노라 하시고
39 이에 온 갈릴리에 다니시며 그들의 **여러 회당에서 전도하시고** 또 귀신들을 내쫓으시더라"

하나님 말씀대로, 예수님 말씀대로 사는 것이 하나님이 기뻐하시는 삶임을 누가 모르겠습니까. 우리 하나님의 자녀들은 실천에 옮기십시다.

하나님께서는 '네 이웃을 사랑하라'라고 명령하셨습니다. 그 사랑의 방법은 다양하겠지만, **그 영혼을 사랑하여 기도하고 전도하는 것이야말로 가장 큰 사랑**일 것입니다. 하나님께 대한 우리의 사랑, 감사, 존경은 결국 우리의 이웃에 대한 태도를 통해서만 가늠해 볼 수 있기 때문입니다. 우리가 이웃을 사랑하는 마음으로 그들을 위해 기도하고 복음을 전하는 모습에서 하나님께 대한 진정한 사랑이 나타납니다.

〈마가복음 12:28-31〉
"28 서기관 중 한 사람이 그들이 변론하는 것을 듣고 예수께서 잘 대답하신 줄을 알고 나아와 묻되 **모든 계명 중에 첫째가 무엇이니이까**
29 예수께서 대답하시되 첫째는 이것이니 이스라엘아 들으라 주 곧 우

리 하나님은 유일한 주시라

30 네 마음을 다하고 목숨을 다하고 뜻을 다하고 힘을 다하여 주 너의 하나님을 사랑하라 하신 것이요

31 둘째는 이것이니 네 이웃을 네 자신과 같이 사랑하라 하신 것이라 이보다 더 큰 계명이 없느니라"

예전이나 현대를 막론하고 표적과 이적을 통해 전도가 잘 이루어졌습니다. 그러나 지금은 **우리가 행동으로, 즉 삶의 모습을 통해 전도해야 합니다.** 우리의 일상 속에서 보여지는 믿음의 실천과 사랑의 실천이 바로 가장 강력한 전도의 방법이 될 수 있습니다. 우리가 하나님 말씀대로 살아가는 모습을 통해 세상에 하나님의 사랑을 전하는 것이야말로 오늘날 우리에게 주어진 중요한 사명입니다.

〈사도행전 14:3, 7, 15〉

"3 두 사도가 오래 있어 **주를 힘입어 담대히 말하니** 주께서 그들의 손으로 표적과 기사를 행하게 하여 주사 자기 은혜의 말씀을 증언하시니

7 거기서 복음을 전하니라

15 이르되 여러분이여 어찌하여 이러한 일을 하느냐 우리도 여러분과 같은 성정을 가진 사람이라 여러분에게 복음을 전하는 것은 이런 헛된 일을 버리고 천지와 바다와 그 가운데 만물을 지으시고 살아 계신 하나님께로 돌아오게 함이라"

다음은 열두 제자를 선택하시고 파송 직전에 하신 말씀으로, **복음 전파의 자세, 주님의 도우심과 섭리, 복음과 세상과의 대립, 그리고**

말씀을 받아들이는 자에 대한 축복에 관한 중요한 교훈을 담고 있습니다.

〈마태복음 10:5-15〉
"5 예수께서 이 열둘을 내보내시며 명하여 이르시되 이방인의 길로도 가지 말고 사마리아인의 고을에도 들어가지 말고
6 오히려 이스라엘 집의 잃어버린 양에게로 가라
7 가면서 전파하여 말하되 천국이 가까이 왔다 하고
8 병든 자를 고치며 죽은 자를 살리며 나병환자를 깨끗하게 하며 귀신을 쫓아내되 너희가 거저 받았으니 거저 주라
9 너희 전대에 금이나 은이나 동을 가지지 말고
10 여행을 위하여 배낭이나 두 벌 옷이나 신이나 지팡이를 가지지 말라 이는 일꾼이 자기의 먹을 것 받는 것이 마땅함이라
11 어떤 성이나 마을에 들어가든지 그 중에 합당한 자를 찾아내어 너희가 떠나기까지 거기서 머물라
12 또 그 집에 들어가면서 평안하기를 빌라
13 그 집이 이에 합당하면 너희 빈 평안이 거기 임할 것이요 만일 합당하지 아니하면 그 평안이 너희에게 돌아올 것이니라
14 누구든지 너희를 영접하지도 아니하고 너희 말을 듣지도 아니하거든 그 집이나 성에서 나가 너희 발의 먼지를 떨어 버리라
15 내가 진실로 너희에게 이르노니 심판 날에 소돔과 고모라 땅이 그 성보다 견디기 쉬우리라"

다음 구절 역시 복음을 잘 전파하라는 말씀입니다. 또한, '**자기 가**

족을 돌아보라'는 말씀은 전도하라는 뜻입니다.

〈고린도전서 9:16〉
"내가 복음을 전할지라도 자랑할 것이 없음은 내가 부득불 할 일임이라 **만일 복음을 전하지 아니하면 내게 화가 있을 것이로다**"

〈디모데전서 5:8〉
"누구든지 자기 친족 특히 **자기 가족을 돌보지 아니하면 믿음을 배반한 자요 불신자보다 더 악한 자니라**"

'교만하지 말고, 겸손하게 믿음 생활을 하라'는 말씀을 잘 준행하는 것 또한 하나님께서 기뻐하시는 삶입니다.

〈고린도전서 10:12-13〉
"12 그런즉 **선 줄로 생각하는 자는 넘어질까 조심하라**
13 사람이 감당할 시험 밖에는 너희가 당한 것이 없나니 오직 하나님은 미쁘사 너희가 감당하지 못할 시험 당함을 허락하지 아니하시고 시험 당할 즈음에 또한 피할 길을 내사 너희로 능히 감당하게 하시느니라"

우리의 몸은 하나님께서 거하시는 성전입니다. 그러므로 우리의 몸을 항상 깨끗하게 하여야 합니다.

〈에베소서 2:20-22〉
"20 너희는 사도들과 선지자들의 터 위에 세우심을 입은 자라 그리스도 예수께서 친히 모퉁잇돌이 되셨느니라
21 그의 안에서 건물마다 서로 연결하여 주 안에서 성전이 되어 가고

22 **너희도 성령 안에서 하나님이 거하실 처소가 되기 위하여 그리스도 예수 안에서 함께 지어져 가느니라"**

〈고린도전서 6:19-20〉
"19 **너희 몸은 너희가 하나님께로부터 받은 바 너희 가운데 계신 성령의 전인 줄을 알지 못하느냐** 너희는 너희 자신의 것이 아니라
20 값으로 산 것이 되었으니 그런즉 너희 몸으로 하나님께 영광을 돌리라"

 다시 강조 드립니다. 앞서 살펴본 바와 같이, 우리의 몸은 하나님께서 거하시는 성전입니다. 그러므로 우리는 우리의 몸을 항상 깨끗이 지켜야 하며, '음란'을 피해야 합니다. 믿음 생활 중 가장 극복하기 어려운 부분 중 하나가 바로 '음란' 문제입니다. '음란'한 생각조차도 그 자체로 '음란죄'를 범하는 것으로 볼 수 있습니다.

〈고린도전서 6:9-20〉
"9 불의한 자가 하나님의 나라를 유업으로 받지 못할 줄을 알지 못하느냐 미혹을 받지 말라 **음행하는 자나 우상 숭배하는 자나 간음하는 자나 탐색하는 자나 남색하는 자나**
10 도적이나 탐욕을 부리는 자나 술 취하는 자나 모욕하는 자나 속여 빼앗는 자들은 하나님의 나라를 유업으로 받지 못하리라
13 (중략) **몸은 음란을 위하여 있지 않고 오직 주를 위하여 있으며 주는 몸을 위하여 계시느니라**
14 하나님이 주를 다시 살리셨고 또한 그의 권능으로 우리를 다시 살리

시리라

15 너희 몸이 그리스도의 지체인 줄을 알지 못하느냐 내가 그리스도의 지체를 가지고 창녀의 지체를 만들겠느냐 결코 그럴 수 없느니라

(중략)

18 음행을 피하라 사람이 범하는 죄마다 몸 밖에 있거니와 음행하는 자는 자기 몸에 죄를 범하느니라

19 **너희 몸은 너희가 하나님께로부터 받은 바 너희 가운데 계신 성령의 전인 줄을 알지 못하느냐** 너희는 너희 자신의 것이 아니라

20 값으로 산 것이 되었으니 그런즉 너희 몸으로 하나님께 영광을 돌리라"

다음 말씀을 묵상해 보십시오.

〈시편 30:4-5〉

"4 주의 성도들아 여호와를 찬송하며 그의 거룩함을 기억하며 감사하라 5 그의 노염은 잠깐이요 그의 은총은 평생이로다 저녁에는 울음이 깃들일지라도 아침에는 기쁨이 오리로다"

그렇습니다. 우리는 **진정으로 하나님을 경외**해야 합니다. 하나님 말씀을 따라 살기 위해 기도하며 실천에 옮기도록 노력해야 합니다. 시편 37장 3절에서 5절 말씀을 묵상하며 말씀을 마치겠습니다.

감사합니다.

〈시편 37:-5〉

"3 여호와를 의뢰하고 선을 행하라 땅에 머무는 동안 그의 성실을 먹을거리로 삼을지어다

4 또 여호와를 기뻐하라 그가 네 마음의 소원을 네게 이루어 주시리로다

5 네 길을 여호와께 맡기라 그를 의지하면 그가 이루시고"

11
주일 성수와 축복에 대하여

믿음 생활에서 우리가 가장 우선적으로 잘 준행해야 할 세 가지 항목이 있습니다.

첫째는 주일을 잘 지키는 것이요.
둘째는 기도 생활을 잘 하는 것이요.
셋째는 물질로 헌신하는 것입니다.

주일을 잘 지킨다는 뜻은 '예배를 드린다'는 뜻입니다. 예배드리는 것이야말로 성도로서 가장 중요한 일이며, 신앙생활의 기본 중의 기본입니다.

예배란 하나님을 찬양하고, 기도하며, 하나님의 말씀을 듣는 것입니다. 특히 하나님의 말씀을 듣는 일이 얼마나 중요한지 모릅니다.

말씀을 들어야만 깨닫게 되고, 회개하며, 그 말씀대로 살아가겠다는 다짐을 하게 되지요.

〈시편 81:8-13〉
"8 내 백성이여 들으라 내가 네게 증언하리라 이스라엘이여 내게 듣기를 원하노라
9 너희 중에 다른 신을 두지 말며 이방 신에게 절하지 말지어다
10 나는 너를 애굽 땅에서 인도하여 낸 여호와 네 하나님이니 네 입을 크게 열라 내가 채우리라 하였으나
(중략)
13 내 백성아 내 말을 들으라 이스라엘아 내 도를 따르라"

10절 "네 입을 크게 열라, 내가 채우리라"의 말씀은 하나님의 말씀으로 채운다는 뜻입니다.

1. 주일을 잘 지키라

〈출애굽기 20:8, 11〉
"8 안식일을 기억하여 거룩하게 지키라
11 이는 엿새 동안에 나 여호와가 하늘과 땅과 바다와 그 가운데 모든 것을 만들고 일곱째 날에 쉬었음이라 그러므로 나 여호와가 안식일을 복되게 하여 그 날을 거룩하게 하였느니라"

위 말씀을 묵상하기에 앞서, 먼저 '안식일'과 '주일'에 대해 말씀드립니다. 그러면 왜 구약의 '안식일'을 지키지 않고, 오늘날 일

요일을 '주일'이라고 칭하며 지키게 되었는지를 살펴보렵니다.

예수님께서 부활하신 날을 기념하여, 초대교회에서는 그날을 성일로 정하고 성찬 예식을 드리며 찬양을 하며 모이기 시작한 것이 '주일'의 기원이 되었습니다. 사도행전 20장 7절에 "그 주간의 첫 날에 우리가 떡을 떼려 하여 모였더니 바울이 이튿날 떠나고자 하여 그들에게 강론할새 말을 밤중까지 계속하매"라고 기록되어 있습니다. 구약의 '안식일' 지키는 것을, 이 신약 시대에도 말씀대로 그 의미를 잘 지켜야 됩니다. 예수님께서 마가복음 2장 27-28절에서 하신 말씀도 참고하십시오.

〈마가복음 2:27-28〉
"27 또 이르시되 안식일이 사람을 위하여 있는 것이요 사람이 안식일을 위하여 있는 것이 아니니
28 이러므로 인자는 안식일에도 주인이니라"

다시 말씀드리겠습니다. '주일'은 우리가 흔히 일요일이라고 부르는 날입니다. 십자가 사건 후, 예수님께서 부활하신 후, 제자들이 모여 예수 그리스도의 부활을 함께 기뻐하고 찬양하며 기념하여 모인 그날이 바로 '주일(주님의 날)'입니다. 안식 후 첫날인 일요일입니다.

그러면 이제 앞서 언급된 '출애굽 20장 8절과 11절'의 말씀을 상고해 보겠습니다. 11절에서는 "나 여호와가 안식일을 복되게 하여"

라고 말씀하셨습니다. 그렇다면 이 '복'이란 무엇을 의미하는지 살펴봐야 합니다. 시편 145편 18절에서는 "여호와께서 자기에게 간구하는 모든 자 곧 진실하게 간구하는 모든 자에게 가까이 하시는도다"라고 기록되어 있습니다. 하나님께서 '가까이 하시는 것'이야말로 가장 복된 삶입니다. 주일을 잘 지키면, 바로 그 '하나님께서 가까이 하시는' 어마어마한 복을 받는다는 것입니다.

그래서 안식일에 가장 중요한 것은 제사, 곧 예배입니다. 제사에서 가장 중요한 것은 바로 제물입니다. 이 제물은 히브리어로 '코르반'이라고 불리며, 그 뜻은 '더 가까이 다가간다'라는 의미입니다. 하나님께 더 가까이 가기 위해 제물을 바치는 것입니다. 이 제물은 단순히 물질적인 것뿐만 아니라, 우리의 마음과 삶을 하나님께 드리는 것입니다.

우리가 어떤 존재인가 다시 살펴보겠습니다. (내용: 너는 왕 같은 존재다.)

〈이사야 43:1〉
"야곱아 너를 창조하신 여호와께서 지금 말씀하시느니라 이스라엘아 너를 지으신 이가 말씀하시느니라 너는 두려워하지 말라 내가 너를 구속하였고 내가 너를 지명하여 불렀나니 너는 내 것이라"

우리가 어떤 존재인지를 위 말씀을 통해 다시 한번 깊이 깨닫고, 그 깨달음을 바탕으로 하나님 자녀답게 말씀대로 살아가야 합니다.

주일을 잘 지키며 신령과 진리로 예배드려야 합니다.

2. 주일을 정하신 분은 하나님이시다

〈시편 118:24〉
"이 날은(주일은·안식일은) 여호와께서 정하신 것이라 이 날에 우리(=내 아버지도)가 즐거워하고 기뻐하리로다"

세상 부모들 역시 자녀가 부모의 말씀을 잘 듣고 순종할 때, 그 자녀가 더욱 귀여워 보이고 믿음이 가며 장래가 잘 될 것이라고 생각하지 않던가요. 마찬가지로 하나님께서도 우리가 그분의 말씀을 따르고 주일을 잘 지킬 때 얼마나 기뻐하시겠습니까.

3. 누구를 위해서 정하였는가? (사람을 위하여)

〈마가복음 2:27-28〉
"27 또 이르시되 안식일이 사람을 위하여 있는 것이요 사람이 안식일을 위하여 있는 것이 아니니
28 이러므로 인자는 안식일에도 주인이니라"

4. 주일은 무엇을 받는 날인가? (복 받는 날)

〈창세기 2:1-3〉
"1 천지와 만물이 다 이루어지니라
2 하나님이 그가 하시던 일을 일곱째 날에 마치시니 그가 하시던 모든 일을 그치고 일곱째 날에 안식하시니라

3 하나님이 그 일곱째 날을 복되게 하사 거룩하게 하셨으니 이는 하나님이 그 창조하시며 만드시던 모든 일을 마치시고 그 날에 안식하셨음이니라"

⟨잠언 3:1-2⟩
"1 내 아들아 나의 법을 잊어버리지 말고 네 마음으로 나의 명령을 지키라(주일을 지키라)
2 그리하면 그것이 네가 장수하여 많은 해를 누리게 하며 평강을 더하게 하리라"

⟨이사야 56:2⟩
"안식일을 지켜 더럽히지 아니하며 그의 손을 금하여 모든 악을 행하지 아니하여야 하나니 이와 같이 하는 사람, 이와 같이 굳게 잡는 사람은 복이 있느니라"

5. 주일을 지키면 누구의 행복을 지키게 되나? (우리의 행복)

⟨신명기 10:12-13⟩
"12 이스라엘아 네 하나님 여호와께서 네게 요구하시는 것이 무엇이냐 곧 네 하나님 여호와를 경외하여 그의 모든 도를 행하고 그를 사랑하며 마음을 다하고 뜻을 다하여 네 하나님 여호와를 섬기고
13 내가 오늘 네 행복을 위하여 네게 명하는 여호와의 명령과 규례를 지킬 것이 아니냐"

여기서 '네게 요구하시는 것'이 무엇입니까?

네 하나님을 경외하라
그의 모든 도를 행하라
하나님을 사랑하라
네 하나님 여호와를 섬기라
여호와의 규례를 지키라

등으로 이것들의 공통된 주제는 하나님의 언약에 대한 이스라엘 백성에 대한 사랑입니다.

6. 주일의 가치

〈시편 84:10, 12〉
"10 주의 궁정에서의 한 날이 다른 곳에서의 천 날보다 나은즉 악인의 장막에 사는 것보다 내 하나님의 성전 문지기로 있는 것이 좋사오니
12 만군의 여호와여 주께 의지하는 자는 복이 있나이다"

복되게 하신다

〈출애굽기 20:8, 11, 24〉
"8 안식일을 기억하여 거룩하게 지키라
11 이는 엿새 동안에 나 여호와가 하늘과 땅과 바다와 그 가운데 모든 것을 만들고 일곱째 날에 쉬었음이라 그러므로 나 여호와가 안식일을 복되게 하여 그 날을 거룩하게 하였느니라
24 내게 토단을 쌓고 그 위에 네 양과 소로 네 번제와 화목제를 드리라

내가 내 이름을 기념하게 하는 모든 곳에서 네게 임하여 복을 주리라"
주일날 예배를 잘 드리라. 그러면 복을 주시겠다고 말씀하십니다.

나는 산 자의 하나님이다

〈마태복음 22:32〉
"나는 아브라함의 하나님이요 이삭의 하나님이요 야곱의 하나님이로라 하신 것을 읽어 보지 못하였느냐 하나님은 죽은 자의 하나님이 아니요 살아 있는 자의 하나님이시니라 하시니"

7. 주일날 해야 할 일

예배 드림

〈로마서 12:1-2〉
"1 그러므로 형제들아 내가 하나님의 모든 자비하심으로 너희를 권하노니 너희 몸을 하나님이 기뻐하시는 거룩한 산 제물로 드리라 이는 너희가 드릴 영적 예배니라
2 너희는 이 세대를 본받지 말고 오직 마음을 새롭게 함으로 변화를 받아 하나님의 선하시고 기뻐하시고 온전하신 뜻이 무엇인지 분별하도록 하라"

선(善)을 행하라

'선(善)'은 두 가지 중요한 의미를 내포합니다. 바로 '병고침'과 '전도'입니다.

〈마태복음 12:10-13〉

"10 한쪽 손 마른 사람이 있는지라 사람들이 예수를 고발하려 하여 물어 이르되 안식일에 병 고치는 것이 옳으니이까
11 예수께서 이르시되 너희 중에 어떤 사람이 양 한 마리가 있어 안식일에 구덩이에 빠졌으면 끌어내지 않겠느냐
12 사람이 양보다 얼마나 더 귀하냐 그러므로 안식일에 선을 행하는 것이 옳으니라 하시고
13 이에 그 사람에게 이르시되 손을 내밀라 하시니 그가 내밀매 다른 손과 같이 회복되어 성하더라"

생명이 위독한 경우에는 안식일일지라도 목숨을 구해주는 것이 허용된다는 것이 유대교의 전통적인 율법 해석이었습니다. 그런데 예수님은 그보다 더 나아가 일반적 수준의 병이나 고통에 대해서도 치유와 선행을 베풀어야 한다고 말씀하셨습니다. 이는 안식일이 인간을 위한 하나님의 선한 목적에서 제정되었음을 밝히신 것입니다.

〈누가복음 13:10-16〉 (병고침)
"10 예수께서 안식일에 한 회당에서 가르치실 때에
11 열여덟 해 동안이나 귀신 들려 앓으며 꼬부라져 조금도 펴지 못하는 한 여자가 있더라
12 예수께서 보시고 불러 이르시되 여자여 네가 네 병에서 놓였다 하시고
13 안수하시니 여자가 곧 펴고 하나님께 영광을 돌리는지라
14 회당장이 예수께서 안식일에 병 고치시는 것을 분 내어 무리에게 이르되 일할 날이 엿새가 있으니 그 동안에 와서 고침을 받을 것이요 안식

일에는 하지 말 것이니라 하거늘
15 주께서 대답하여 이르시되 외식하는 자들아 너희가 각각 안식일에 자기의 소나 나귀를 외양간에서 풀어내어 이끌고 가서 물을 먹이지 아니하느냐
16 그러면 열여덟 해 동안 사탄에게 매인 바 된 이 아브라함의 딸을 안식일에 이 매임에서 푸는 것이 합당하지 아니하냐
17 예수께서 이 말씀을 하시매 모든 반대하는 자들은 부끄러워하고 온 무리는 그가 하시는 모든 영광스러운 일을 기뻐하니라"

위 사건은 자기 백성들을 사탄의 권세로부터 구출하는 하나님의 구속적인 능력을 예시해 주는 사건입니다.

〈사도행전 13:42〉 (전도)
"그들이 나갈새 사람들이 청하되 다음 안식일에도 이 말씀을 하라 하더라"

8. 주일을 잘 지킨 자가 받는 축복

우리가 하나님 말씀대로 살면 세상을 잘 살아갈 수 있도록 인도해 주실 것이라는 생각은 누가 가르쳐 주지 않아도 자연스럽게 깨달아지는 진리입니다.

그중에서도 가장 기본적으로 지켜야 할 것은 주일을 잘 성수하는 일입니다. 주일을 잘 지키면 어마어마한 복을 받는다고 아래 이사야 선지자를 통하여 우리에게 말씀하시고 계시지 않습니까.

〈이사야 58:13-14〉
"13 만일 안식일에 네 발을 금하여 내 성일에 오락을 행하지 아니하고 안식일을 일컬어 즐거운 날이라, 여호와의 성일을 존귀한 날이라 하여 이를 존귀하게 여기고 네 길로 행하지 아니하며 네 오락을 구하지 아니하며 사사로운 말을 하지 아니하면
14 네가 여호와 안에서 즐거움을 얻을 것이라 내가 너를 땅의 높은 곳에 올리고 네 조상 야곱의 기업으로 기르리라 여호와의 입의 말씀이니라"

위 14절의 말씀은 주일성수하면
 즐거움·기쁨을 누리리다 (시편 16장 11절에서도)
 인격적으로 대접을 받는다, 모든 사람이 우러러 본다는 뜻입니다. 얼마나 큰 축복입니까.

또 '안식일 잘 지켜 더럽히지 아니하면'이라고 말씀하시며, 그에 따르는 여러 가지 '축복'을 약속하셨습니다.

〈이사야 56:2-7〉
"2 안식일을 지켜 더럽히지 아니하며 그의 손을 금하여 모든 악을 행하지 아니하여야 하나니 이와 같이 하는 사람, 이와 같이 굳게 잡는 사람은 복이 있느니라
(중략)
4 여호와께서 이와 같이 말씀하시기를 나의 안식일을 지키며 내가 기뻐하는 일을 선택하며 나의 언약을 굳게 잡는 고자들에게는
5 내가 내 집에서, 내 성 안에서 아들이나 딸보다 나은 기념물과 이름을

그들에게 주며 영원한 이름을 주어 끊어지지 아니하게 할 것이며
6 또 여호와와 연합하여 그를 섬기며 여호와의 이름을 사랑하며 그의 종이 되며 안식일을 지켜 더럽히지 아니하며 나의 언약을 굳게 지키는 이방인마다
7 내가 곧 그들을 나의 성산으로 인도하여 기도하는 내 집에서 그들을 기쁘게 할 것이며 그들의 번제와 희생을 나의 제단에서 기꺼이 받게 되리니 이는 내 집은 만민이 기도하는 집이라 일컬음이 될 것임이라"

다음 말씀도 귀한 말씀입니다.

〈열왕기하 17:36-39〉
"36 오직 큰 능력과 편 팔로 너희를 애굽에서 인도하여 내신 여호와만 경외하여 그를 예배하며 그에게 ㅋ제사를 드릴 것이며
37 또 여호와가 너희를 위하여 기록한 율례와 법도와 율법과 계명을 지켜 영원히 행하고 다른 신들을 경외하지 말며
38 또 내가 너희와 세운 언약을 잊지 말며 다른 신들을 경외하지 말고
39 오직 너희 하나님 여호와만을 경외하라 (중략)"

말씀을 마치렵니다. **주일을 잘 지키고 하나님 말씀대로 살아갑시다. 하나님이 기뻐하시는 삶을 누립시다.**

감사합니다.

12
믿음이란 무엇인가

우리 하나님의 자녀들은 복을 많이 받은 사람들입니다. 가장 행복한 사람들입니다.

〈요한복음 20:29〉
"예수께서 이르시되 너는 나를 본 고로 믿느냐 보지 못하고 믿는 자들은 복되도다 하시니라"

웬만큼 세상을 살아오신 분이라면 누구나 예외 없이 세상살이가 결코 쉽지 않다는 생각을 하셨을 것입니다. 주위 사람들을 둘러보십시오. 동창, 친지, 직장 동료들을 보면, 부러워할 만한 삶을 살아가고 있구나 그렇게 생각되는 분이 많이 있던가요? 아니 있기는 있던가요?

누구나 어려움, 걱정, 갈등, 고민, 그리고 말로 다 표현할 수 없는 사정들을 겪게 마련입니다. 이것들은 세상살이에서 피할 수 없는 현실이며, 이는 인간이 본래 죄인이기 때문입니다. **오직 예수님을 믿는 신앙인만이 우리가 죄인임을 깨닫게 되는 것입니다.**

창세기에서는 하나님께서 세상을 창조하시고 사람을 만드신 후, 그들에게 복을 주시며 "생육하고 번성하여 땅에 충만하라, **땅을 정복하라**"고 **명령하셨습니다.**

또한 '에덴동산'을 창설하시고, 보기에 아름답고 먹기에 좋은 나무들을 자라게 하셨습니다. 그 중 선악을 알게 하는 나무도 심으시며, "각종 나무의 실과는 네가 임의로 먹되, 선악을 알게하는 실과는 먹지 말라. 네가 먹는 날에는 정녕 죽으리라" 하셨지요.

하지만 인간은 뱀의 꾐에 빠져 선악과를 먹고, 결국 에덴동산에서 쫓겨나게 되지요. 그 후, 인간은 죄 사함을 받기 위해 양과 같은 동물을 잡아 제사를 드렸고, 사실 하나님께서 그렇게 하도록 하신 것이지요.

사실 하나님은 인간을 만드시고 함께 살며 대화하기를 원하셨습니다.

이사야 43장 21절에서는 "이 백성은 내가 나를 위하여 지었나니"

라고 말씀하셨고, 에스겔 36장 28절에서는 "너희가 내 백성이 되고, 나는 너희 하나님이 되리라. 내가 너희와 함께 있어"라고 하셨습니다.

이것이 바로 언약(言約)입니다. 하나님께서 처음부터 가지고 계셨던 뜻이었습니다. 하나님은 아담을 내쫓으셨을 때 "아! 시원하다"라고 하셨겠습니까? 한번 생각해 보십시오. 아버지가 아들이 잘못했다고 내쫓는 장면을 떠올려 보세요. 잠이 오겠습니까?

하나님은 하염없이 눈물을 흘리시며 바라보고 계셨습니다. 언제 저 인간을 건져낼꼬? 구원해낼꼬? 언제 내가 그들 가운데 함께 거하며, 내가 그들의 하나님이 되고, 그들은 내 백성이 될꼬?

그래서 구약 시대에는 제사장이 양과 같은 제물을 바쳐 제사를 드리며 용서를 구했던 것입니다. 그 역할은 레위 족속이 담당했지요. 얼마나 번거롭고 고된 일이었을까요. 그래서 **하나님은 인간을 불쌍히 여기셔서, 독생자 예수님을 이 세상에 보내셔서 십자가에 달려 죽게 하심으로 구원의 길을 여신 것입니다.**

나는 '예수님'을 믿고 있다.

그렇다면 '예수님의 무엇'을 믿고 있다는 말일까요? 우리는 모두 죄인이었습니다. **하나님께서는 우리를 긍휼히 여기셔서, 독생자 예**

수님을 십자가에 달려 죽게 하시고, 우리의 죄를 단번에 사하여 주셨습니다. 그것을 믿는 것이 바로 믿음 생활의 핵심입니다.

히브리서 기자는 10장에 이렇게 기록하였습니다.

〈히브리서 10:10-12〉
"10 이 뜻을 따라 **예수 그리스도의 몸을 단번에 드리심으로 말미암아 우리가 거룩함을 얻었노라**
11 제사장마다 매일 서서 섬기며 자주 같은 제사를 드리되 이 제사는 언제나 죄를 없게 하지 못하거니와
12 오직 그리스도는 죄를 위하여 한 영원한 제사를 드리고 하나님 우편에 앉으사"

그렇습니다. 그래서 우리 죄인은 예수님의 희생을 통해 거룩함을 얻었고, 의인이 된 것입니다. **예수님은 우리 죄인을 위하여 "단번에 제물로 드려 (우리의) 죄를 없이 하시려고 세상 끝에 나타나셨던 (히브리서 9:26)"것입니다.**

〈요한복음 6:40〉
"내 아버지의 뜻은 아들을 보고 믿는 자마다 영생을 얻는 이것이니 마지막 날에 내가 이를 다시 살리리라 하시니라"

다음 갈라디아서를 보십시다.

〈갈라디아서 2:20〉
"**내가 그리스도와 함께 십자가에 못 박혔나니** 그런즉 이제는 내가 사는

것이 아니요 **오직 내 안에 그리스도께서 사시는 것이라** 이제 내가 육체 가운데 사는 것은 나를 사랑하사 나를 위하여 자기 자신을 버리신 하나님의 아들을 믿는 믿음 안에서 사는 것이라"

그렇습니다. **하나님은 우리를 사랑하셔서, 독생자 예수님을 십자가에 달려 죽게 하시고 단번에 우리의 죄를 사하여 주셨습니다.** 이 사실을 믿는 것이, 우리를 위해 돌아가신 예수님을 믿는 것이 바로 믿음입니다. **그 하나님, 그 예수님의 말씀대로 사는 것이 믿는 자의 올바른 삶**입니다.

다시 다음 성경 말씀을 보십시오.

〈요한복음 3:34-36〉
"34 하나님이 보내신 이는(예수님은) 하나님의 말씀을 하나니 이는 하나님이 성령을 한량 없이 주심이니라
35 아버지께서 아들(예수)을 사랑하사 만물을 다 그의 손에 주셨으니
36 **아들을 믿는 자에게는 영생이 있고** 아들에게 순종하지 아니하는 자는 영생을 보지 못하고 도리어 하나님의 진노가 그 위에 머물러 있느니라"

예수님의 말씀대로 순종하며 전적으로 의지하는 삶이 믿는 자의 본분이자 바른 자세입니다. **그 예수님의 삶을 닮아가야 합니다.** 하나님의 자녀라면 하나님의 말씀대로 살아야 하는 것이 맞습니다. 그렇게 살아야 합니다.

다시 말씀드립니다. 그렇다면 무엇을 믿어야 한다는 것입니까? 이제 다음 성경 말씀을 곰곰이 묵상해 보십시다.

〈히브리서 11:6〉
"믿음이 없이는 하나님을 기쁘시게 하지 못하나니 **하나님께 나아가는 자는 반드시 그가 계신 것과 또한 그가 자기를 찾는 자들에게 상 주시는 이심을 믿어야 할지니라**"

다시 앞에서 보았던 히브리서를 보십시다. 이 말씀을 믿는 것이 믿음의 핵심입니다.

〈히브리서 10:10-12〉
"10 이 뜻을 따라 **예수 그리스도의 몸을 단번에 드리심으로 말미암아 우리가 거룩함을 얻었노라**

11 제사장마다 매일 서서 섬기며 자주 같은 제사를 드리되 이 제사는 언제나 죄를 없게 하지 못하거니와

12 오직 예수 그리스도는 (우리의) 죄를 위하여 한 영원한 제사를 드리시고 (중략)"

앞에서 말씀드린 갈라디아서 2장 20절 말씀을 다시 읽어 보십시오. 또 아래와 같이 '다른 신'을 믿지 않는 것만을 의미하는 것은 더욱 아닙니다.

〈예레미야 1:16〉
"무리가 나를 버리고 다른 신들에게 분향하며 자기 손으로 만든 것들에

절하였은즉 내가 나의 심판을 그들에게 선고하여 **그들의 모든 죄악을 징계하리라"**

다음 말씀도 귀한 말씀입니다.

〈로마서 10:10〉
"사람이 마음으로 믿어 의에 이르고 입으로 시인하여 구원에 이르느니라"

믿음은 예수님의 십자가로 말미암아 죄인을 의롭다 하시고, 복 주시겠다는 약속을 믿으면 그 믿음을 보시고 복 주시겠다는 약속을, 그리고 그 복 주시는 하나님을 믿는 것입니다.

다음 누가복음 7장 말씀은 뒤에서 다시 인용하겠습니다만, 우선 보십시오.

〈누가복음 7:6-9〉
"6 **예수께서 함께 가실새** 이에 그 집이 멀지 아니하여 **백부장이** 벗들을 보내어 이르되 **주여 수고하시지 마옵소서 내 집에 들어오심을 나는 감당하지 못하겠나이다**
7 (중략) 말씀만 하사 내 하인을 낫게 하소서
(중략)
9 예수께서 들으시고 그를 놀랍게 여겨 돌이키사 따르는 무리에게 이르시되 내가 너희에게 이르노니 이스라엘 중에서도 **이만한 믿음은 만나보지 못하였노라 하시더라"**

다음 말씀도 참된 믿음의 사례입니다.

〈다니엘 3:17-18〉
"17 왕이여 **우리가 섬기는 하나님이 계시다면** 우리를 맹렬히 타는 풀무 불 가운데에서 능히 건져내시겠고 왕의 손에서도 건져내시리이다
18 그렇게 하지 아니하실지라도 **왕이여 우리가 왕의 신들을 섬기지도 아니하고 왕이 세우신 금 신상에게 절하지도 아니할 줄을 아옵소서**"

그렇다면 누구나 믿을 수 있습니까? **하나님이 택하신 사람은 듣고 믿게 되는 것입니다.**

〈사도행전 13:46-49〉
"46 바울과 바나바가 담대히 말하여 이르되 **하나님의 말씀을 마땅히 먼저 너희에게 전할 것이로되** 너희가 그것을 버리고 영생을 얻기에 합당하지 않은 자로 자처하기로 우리가 이방인에게로 향하노라
47 주께서 이같이 우리에게 명하시되 내가 너를 이방의 빛으로 삼아 너로 땅 끝까지 구원하게 하리라 하셨느니라 하니
48 **이방인들이 듣고 기뻐하여** 하나님의 말씀을 찬송하며 **영생을 주시기로 작정된 자는 다 믿더라**
49 주의 말씀이 그 지방에 두루 퍼지니라"

우리는 어떻게 살아야 할까요? 예수를 믿는 우리는 하나님 말씀대로, 예수님 말씀대로 살아야 합니다.

우리의 실제 삶 속에서 **예수님의 말씀대로 사는 것이 믿는 자의**

모습입니다. 생활 속에서 예수님의 향기를 드러내야 합니다. 산속에서 매일 기도만 한다고 예수를 잘 믿는 것이 아닙니다. 실제 삶 속에서 자녀답게 살아가는 것이 믿음의 참된 모습입니다. 현장에서 소금과 빛의 역할을 충실히 감당해야 합니다.

하나님께서 아니 계신 곳이 없다는 사실을 믿어야 합니다. 때로 하나님께서 옆에 계시다는 것을 느끼지 못할 때가 있을 수 있습니다. 그 때야말로 두려워해야 합니다. **하나님께서 항상 보고 계시기에, 우리는 함부로 행동할 수 없습니다.**

〈시편 139:1-4〉
"1 여호와여 주께서 나를 살펴 보셨으므로 나를 아시나이다
2 주께서 내가 앉고 일어섬을 아시고 멀리서도 나의 생각을 밝히 아시오며
3 나의 모든 길과 내가 눕는 것을 살펴 보셨으므로 나의 모든 행위를 익히 아시오니
4 여호와여 내 혀의 말을 알지 못하시는 것이 하나도 없으시니이다"

다음 말씀도 귀한 믿음 생활의 모습입니다.

〈하박국 3:17-19〉
"17 비록 무화과나무가 무성하지 못하며 포도나무에 열매가 없으며 감람나무에 소출이 없으며 밭에 먹을 것이 없으며 우리에 양이 없으며 외양간에 소가 없을지라도
18 나는 **여호와로 말미암아 즐거워하며 나의 구원의 하나님으로 말미암**

아 기뻐하리로다
19 주 여호와는 나의 힘이시라 나의 발을 사슴과 같게 하사 나를 나의 높은 곳으로 다니게 하시리로다 이 노래는 지휘하는 사람을 위하여 내 수금에 맞춘 것이니라"

믿음이란, '예수'에 대해 바로 아는 것에서 시작됩니다. 예수님께서 우리의 죄를 사하시기 위해 십자가에 달리신 사실을 전적으로 **믿고, 그 말씀대로 살아가는 것이 믿음 생활을 잘하는 길입니다.**

〈누가복음 7:1-10〉
"1 예수께서 모든 말씀을 백성에게 들려주시기를 마치신 후에 가버나움으로 들어가시니라
2 어떤 백부장의 사랑하는 종이 병들어 죽게 되었더니
3 예수의 소문을 듣고 유대인의 장로 몇사람을 예수께 보내어 오셔서 그 종을 구해 주시기를 청한지라
4 이에 그들이 예수께 나아와 간절히 구하여 이르되 이 일을 하시는 것이 이 사람에게는 합당하니이다
5 그가 우리 민족을 사랑하고 또한 우리를 위하여 회당을 지었나이다 하니
6 **예수께서 함께 가실새** 이에 그 집이 멀지 아니하여 백부장이 벗들을 보내어 이르되 주여 수고하시지 마옵소서 **내 집에 들어오심을 나는 감당하지 못하겠나이다**
7 그러므로 내가 주께 나아가기도 감당치 못할 줄을 알았나이다 말씀만 하사 내 하인을 낫게 하소서

8 저도 남의 수하에 든 사람이요 내 아래에도 병사가 있으니 이더러 가라 하면 가고 저더러 오라 하면 오고 내 종더러 이것을 하라 하면 하나이다
9 예수께서 들으시고 그를 놀랍게 여겨 돌이키사 따르는 무리에게 이르시되 내가 너희에게 이르노니 **이스라엘 중에서도 이만한 믿음은 만나보지 못하였노라 하시더라**
10 보내었던 사람들이 집으로 돌아가 보매 종이 이미 나아 있었더라"

또 누가복음 7장 7절의 말씀은 주인의 자세에서 종의 자세로, 7장 8절의 말씀은 명령대로 행하는 모습을 보여줍니다.

다음 말씀은 우리를 돌아보게 합니다.

〈누가복음 17:6〉
"주께서 이르시되 너희에게 겨자씨 한 알만한 믿음이 있었더라면 이 뽕나무더러 뿌리가 뽑혀 바다에 심기어라 하였을 것이요 그것이 너희에게 순종하였으리라"

믿음이 있다는 것은 여러 번 말씀드린 것처럼, 우리 안에 '평강과 감사'가 있다는 것입니다. '평강과 감사'가 넘쳐나는 상태가 믿음이 좋은 것입니다. 하나님 말씀대로 살지 않거나 죄를 지었는데 어떻게 평강과 감사가 있을 수 있겠습니까. 구원이란 용서받고 하늘나라에 들어가는 것이지만, **현세에서도 평강과 감사가 있다면 그것이 바로 천국입니다.** 다음 누가복음 17장 21절의 말씀은 정말 귀한 말

씀입니다!

〈누가복음 17:21〉
"또 여기 있다 저기 있다고도 못하리니 하나님의 나라는 너희 안에 있느니라"

어려움을 당할 때, 하나님께 의지하고 기도하는 것이 믿음입니다. 또한 우리가 가장 두려워해야 할 것은 우리에게 닥치는 상황이 아니라, 주님을 신뢰하지 않고 믿음이 없어지는 것입니다.

다시 말씀드리겠습니다. 예수님을 믿는 우리들은 정말 행복한 사람들입니다. 우리가 하나님의 사랑과 은혜를 전적으로 믿을 때, '병'도 낫습니다. 우리는 가장 큰 복을 받은 사람들입니다. 예수를 믿은 사람들의 사건을 또 보겠습니다. 누가복음 18장에는 맹인이 고침을 받은 사건이 기록되어 있습니다.

〈누가복음 18:35-43〉
"35 여리고에 가까이 가셨을 때에 한 맹인이 길 가에 앉아 구걸하다가
36 무리가 지나감을 듣고 이 무슨 일이냐고 물은대
37 그들이 나사렛 예수께서 지나가신다 하니
38 맹인이 외쳐 이르되 **다윗의 자손 예수여 나를 불쌍히 여기소서** 하거늘
(중략)
41 네게 무엇을 하여 주기를 원하느냐 이르되 주여 보기를 원하나이다
42 예수께서 그에게 이르시되 보아라 **네 믿음이 너를 구원하였느니라**

하시매

43 곧 보게 되어 하나님께 영광을 돌리며 예수를 따르니 백성이 다 이를 보고 하나님을 찬양하니라"

또 다른 사건을 보겠습니다.

〈누가복음 8:41-48〉
"41 이에 회당장인 야이로라 하는 사람이 와서 예수의 발 아래에 엎드려 자기 집에 오시기를 간구하니
(중략)
43 이에 열두 해를 혈루증으로 앓는 중에 아무에게도 고침을 받지 못하던 여자가
44 예수의 뒤로 와서 그의 옷 가에 손을 대니 혈루증이 즉시 그쳤더라
45 예수께서 이르시되 내게 손을 댄 자가 누구냐 하시니 다 아니라 할 때에 베드로가 이르되 주여 무리가 밀려들어 미나이다
46 예수께서 이르시되 내게 손을 댄 자가 있도다 이는 내게서 능력이 나간 줄 앎이로다 하신대
47 여자가 스스로 숨기지 못할 줄 알고 떨며 나아와 엎드리어 그 손 댄 이유와 곧 나은 것을 모든 사람 앞에서 말하니
48 예수께서 이르시되 딸아 네 믿음이 너를 구원하였으니 평안히 가라 하시더라"

그러나 우리는 예수를 믿는다고 하면서도 배반하는 행동을 할 때가 얼마나 많은지 모릅니다. 이스라엘 민족이 '출애굽'을 경험했음

에도 불구하고, 광야에서 40년 동안 하나님을 원망했던 일들이 많았습니다. 그렇습니다. 우리는 예수님을 닮아가며 살아야 하지만, **얼마나 많은 순간에 하나님의 향기를 가리는 삶을 살 때가 많은지 모릅니다.**

다음 시편 127편 1, 2절의 말씀도 귀한 말씀입니다. 우리는 인간의 생사화복을 주장하시는 하나님을 믿고 의지해야 합니다. 그분의 말씀에 순종할 때 평안을 누리고, 형통할 수 있다는 믿음을 가져야 합니다.

〈시편 127:1-2〉
"1 **여호와께서 집을 세우지 아니하시면** 세우는 자의 수고가 헛되며 여호와께서 성을 지키지 아니하시면 파수꾼의 깨어 있음이 헛되도다
2 너희가 일찍이 일어나고 늦게 누우며 수고의 떡을 먹음이 헛되도다 그러므로 **여호와께서 그의 사랑하시는 자에게는 잠을 주시는도다**"

위의 말씀을 믿는 것이 참된 믿음입니다.

믿음이란, 어떤 상황에서도 **우리 자녀들을 지키시고 좋은 길로 인도하신다는 것을 믿는 것입니다.** 참된 신앙인은 위급한 상황 속에서도 하나님을 믿습니다. 곧, 보호와 인도하심을 약속하신 말씀을 믿는 것이 신앙인의 올바른 태도입니다.

〈사도행전 27:9-26〉

"9 여러 날이 걸려 금식하는 절기가 이미 지났으므로 항해하기가 위태한지라 **바울이 그들을 권하여**

10 말하되 여러분이여 내가 보니 이번 항해가 하물과 배만 아니라 우리 생명에도 타격과 많은 손해를 끼치리라 하되

11 백부장이 선장과 선주의 말을 바울의 말보다 더 믿더라

(중략)

14 얼마 안 되어 섬 가운데로부터 유라굴로라는 광풍이 크게 일어나니

15 배가 밀려 바람을 맞추어 갈 수 없어 가는 대로 두고 쫓겨가다가

16 가우다라는 작은 섬 아래로 지나 간신히 거루를 잡아

(중략)

18 우리가 풍랑으로 심히 애쓰다가 이튿날 사공들이 짐을 바다에 풀어 버리고

19 사흘째 되는 날에 배의 기구를 그들의 손으로 내버리니라

20 여러 날 동안 해도 별도 보이지 아니하고 큰 풍랑이 그대로 있으매 **구원의 여망마저 없어졌더라**

21 여러 사람이 오래 먹지 못하였으매 바울이 가운데 서서 말하되 여러분이여 내 말을 듣고 그레데에서 떠나지 아니하여 이 타격과 손상을 면하였더라면 좋을 뻔하였느니라

22 내가 너희를 권하노니 이제는 안심하라 너희 중 아무도 생명에는 아무런 손상이 없겠고 오직 배뿐이리라

23 **내가 속한 바 곧 내가 섬기는 하나님의 사자가 어제 밤에 내 곁에 서서 말하되**

24 **바울아 두려워하지 말라** 네가 가이사 앞에 서야 하겠고 또 하나님께서 너와 함께 항해하는 자를 다 네게 주셨다 하였으니

25 그러므로 여러분이여 안심하라 나는 내게 말씀하신 그대로 되리라고 하나님을 믿노라
26 그런즉 우리가 반드시 한 섬에 걸리리라 하더라"

연단과 시련이 없이는 우리의 믿음은 자랄 수 없습니다. 제 경험에 의하면, 우리 몸이 건강해지려면

첫째, 음식을 골고루 적당히, 그리고 오래 잘 씹어 먹어야 합니다.
둘째, 몸에 맞는 적당한 운동을 꾸준히 계속해야 합니다.
셋째, 스트레스를 가능한 덜 받아야 합니다. **스트레스를 덜 받으려면 기도해야 합니다. 기도하면 마음이 편안해지고 범사에 감사하게 됩니다.**

믿음은 전지전능하신 하나님을 잘 믿는 것에서 출발합니다. 예수님도 일정한 시간에 기도하셨습니다.

〈마가복음 1:35〉
"새벽 아직도 밝기 전에 예수께서 일어나 나가 한적한 곳으로 가사 거기서 기도하시더니"

〈마가복음 2:5〉
"예수께서 그들의 믿음을 보시고 중풍병자에게 이르시되 작은 자야 **네 죄 사함을 받았느니라** 하시니"
하나님은 우리 자녀들을 완전한 인격체로 보십니다. 우리의 '의

지'를 존중하십니다. 성령님의 도우심이 없이는 우리가 예수님을 제대로 믿을 수 없는 것은 사실이지만, 하나님은 우리의 '의지'를 믿으시며, 그 '의지'로 기도하기를 원하시고 기다리고 계십니다.

마태복음 13장에 나오는 '씨 뿌리는 비유'를 잘 이해할 필요가 있습니다.

〈마태복음 13:3-13〉
"3 예수께서 비유로 여러 가지를 그들에게 말씀하여 이르시되 씨를 뿌리는 자가 뿌리러 나가서
4 뿌릴새 더러는 길 가에 떨어지매 새들이 와서 먹어버렸고
5 더러는 흙이 얕은 돌밭에 떨어지매 흙이 깊지 아니하므로 곧 싹이 나오나
6 해가 돋은 후에 타서 뿌리가 없으므로 말랐고
7 더러는 가시떨기 위에 떨어지매 가시가 자라서 기운을 막았고
8 더러는 좋은 땅에 떨어지매 어떤 것은 백 배, 어떤 것은 육십 배, 어떤 것은 삼십 배의 결실을 하였느니라
9 귀 있는 자는 들으라 하시니라
10 제자들이 예수께 나아와 이르되 어찌하여 그들에게 비유로 말씀하시나이까
11 대답하여 이르시되 **천국의 비밀을 아는 것이 너희에게는 허락되었으나** 그들에게는 아니되었나니
12 무릇 있는 자는 받아 넉넉하게 되되 없는 자는 그 있는 것도 빼앗기리라

13 그러므로 내가 그들에게 비유로 말하는 것은 그들이 보아도 보지 못하며 들어도 듣지 못하며 깨닫지 못함이니라"

위에서 예수님께서 비유로 말씀하신 것에, 무슨 덧붙임이나 설명이 필요하겠습니까.

믿음이란, 우리가 하나님의 말씀을 전적으로 믿고 따라야 한다는 것입니다. 하나님의 말씀을 믿고, 그 말씀대로 살아가는 것이 진정한 믿음의 모습입니다.

나폴레옹 황제가 평민 차림을 하고 부관과 함께 어느 시골 여관에서 묵게 되었습니다. 그 여관 식당에서 저녁 식사를 마치고 나자 종업원이 계산서를 가지고 나왔습니다. 그런데 나폴레옹도 부관도 그만 지갑을 두고 온 것입니다. 정중하게 사과를 하고는 한 시간 내로 돈을 가져오겠다고 말하니, 종업원은 그들을 이해해주었으나, 여관 주인은 그들을 향해 정신 없는 놈들이라며 당장 돈을 내놓으라고 성화를 부렸습니다. 종업원이 믿어보자고 해도 주인은 듣지 않고 화만 냈습니다. 결국 종업원은 어쩔 수 없이 자신의 돈으로 14프랑을 지불했습니다.

한 시간 뒤, 부관이 와서 종업원에게 14프랑을 주었습니다. 그리고 여관 주인에게 "이 여관은 얼마요?"라고 물었습니다. 주인은 얼마 전에 3만 프랑을 주고 샀다며 왜 묻느냐고 대답했습니다. 그러자 부관은 3만 프랑을 내주며 여관을 사겠다고 했습니다. 3만 프랑에 거래를 마친 후 여관의 문서를 받은 부관은 그 문서를 종업원에게 건네며 나폴레옹이 쓴 쪽지를 전달했습니다.

"오늘부터 당신이 이 여관의 주인이다. 당신이 나를 믿어준 것이 이만큼 기뻤다."

나폴레옹은 종업원이 자신을 믿어준 것이 여관을 사줄 만큼 기뻤다고 합니다. 우리가 하나님을 전적으로 믿는다면 하나님께서 얼마나 기뻐하실까요?

하나님께서는 그래서 사람들이 우리를 비난하거나 비방한다고 해서 두려워하거나 놀라지 말라고 하십니다. 믿음이 자라면, 어떤 환경이나 처지에서도 하나님의 자녀다운 모습을 보이게 됩니다.

믿음이란? 믿음이 자라면, 어떤 처지와 환경에서도 '평강과 감사'가 있게 마련이라고 여러 번 말씀드렸지요. 자신은 믿음이 있다고 생각하더라도 평강과 감사가 없다면, 그 믿음은 진정한 믿음이라 할 수 없습니다. 죄를 범했는데 평강과 감사가 있을 수 있겠습니까? 하늘에서 햇빛이 아무리 내리쬐어도 검은 구름이 가리고 있다면, 우리가 어떻게 햇빛을 온전히 쬘 수 있겠습니까?

그 구름이 바로 우리 죄입니다. 믿음이 있는 사람은 하나님 말씀을 늘 묵상하고 기도하며, 그것을 실천에 옮겨야 합니다. 그래야만

'평강과 감사'가 넘치는 삶을 살아갈 수 있습니다.

하나님을 사랑한다고 믿는다고 고백할 때, 실제로 **우리가 어떤 행동을 하는지가 하나님을 사랑하고 믿는 행동인지 잘 보여주는 사건**이 있습니다. 이 이웃에 대한 사랑의 태도가 하나님을 진정으로 사랑하는지 잘 믿는지를 확인할 수 있는 중요한 척도가 됩니다.

아래 자비를 베푼 사마리아인 행동을 예수님은 비유로 말씀하십니다.

〈누가복음 10:26-37〉
"26 예수께서 이르시되 율법에 무엇이라 기록되었으며 네가 어떻게 읽느냐

27 대답하여 이르되 **네 마음을 다하며 목숨을 다하며 힘을 다하며 뜻을 다하여 주 너의 하나님을 사랑하고 또한 네 이웃을 네 자신 같이 사랑하라 하였나이다**

28 예수께서 이르시되 네 대답이 옳도다 이를 행하라 그러면 살리라 하시니

29 그 사람이 자기를 옳게 보이려고 예수께 여짜오되 그러면 내 이웃이 누구니이까

30 예수께서 대답하여 이르시되 어떤 사람이 예루살렘에서 여리고로 내려가다가 강도를 만나매 강도들이 그 옷을 벗기고 때려 거의 죽은 것을 버리고 갔더라

31 마침 한 제사장이 그 길로 내려가다가 그를 보고 피하여 지나가되

32 또 이와 같이 한 레위인도 그 곳에 이르러 그를 보고 피하여 지나가되
33 어떤 사마리아 사람은 여행하는 중 거기 이르러 그를 보고 불쌍히 여겨
34 가까이 가서 기름과 포도주를 그 상처에 붓고 싸매고 자기 짐승에 태워 주막으로 데리고 가서 돌보아 주니라
35 그 이튿날 그가 주막 주인에게 데나리온 둘을 내어 주며 이르되 이 사람을 돌보아 주라 비용이 더 들면 내가 돌아올 때에 갚으리라 하였으니
36 네 생각에는 이 세 사람 중에 누가 강도 만난 자의 이웃이 되겠느냐
37 이르되 자비를 베푼 자니이다 예수께서 이르시되 가서 너도 이와 같이 하라 하시니라"

예수님은 **비유 속의 사마리아인처럼 행동하라고 하십니다**. '자비를 베풀다'는 말은 구약에서 **하나님의 선하심과 진실하심, 그리고 자기 백성에 대한 사랑을 총칭하는 말**입니다. 따라서 하나님을 사랑하는 사람의 삶에서 반드시 나타나야 하는 것은 '선행'입니다. 곧 '네가 주께서 네 앞에 둔 가난한 자의 이웃이 되어야 하지 않겠느냐'는 뜻의 말씀으로 끝맺습니다.

야고보서 4장 17절에 이런 말씀도 있습니다.

〈야고보서 4:17〉
"그러므로 **사람이 선을 행할 줄 알고도 행하지 아니하면 죄니라**"

〈요한복음 14:21〉

"나의 계명을 지키는 자라야 나를 사랑하는 자니 나를 사랑하는 자는 내 아버지께 사랑을 받을 것이요 나도 그를 사랑하여 그에게 나를 나타내리라"

예수를 믿게 되면, 아니 **믿음이 깊어질수록, 이 세상의 것들이 잠깐 보이다가 사라질 것들임을 알게 됩니다.** 그리스도인들은 세상이 끝이 아님을 알고, 믿는 자는 소망을 하나님께 둡니다. 그리스도인의 특권은, 그리스도를 위하는 것이 아니면 모든 것을 배설물로 여길 수 있다는 것입니다.

믿음이란, 우리가 진정으로 하나님을 섬길 때 **우리의 모든 것을 책임져 주신다는 것을 믿는 것입니다.** 진정한 섬김을 진정한 정성을 하나님은 아십니다.

예수님께서 '가난한 과부의 헌금'을 칭찬하신 말씀을 생각해 봅시다.

〈누가복음 21:1-4〉
"1 예수께서 눈을 들어 부자들이 헌금함에 헌금 넣는 것을 보시고
2 또 어떤 가난한 과부가 두 렙돈 넣는 것을 보시고
3 이르시되 내가 참으로 너희에게 말하노니 이 가난한 과부가 다른 모든 사람보다 많이 넣었도다
4 저들은 그 풍족한 중에서 헌금을 넣었거니와 이 과부는 그 가난한 중에서 자기가 가지고 있는 생활비 전부를 넣었느니라 하시니라"

믿음 생활을 잘하여 자녀들에게 모범을 보이는 것도 매우 중요합니다. 특히 늘 기도하는 모습을 보여 자녀들이 기도하며 하나님을 잘 섬기게 하십시오. 그런 아름다운 신앙의 모습을 유산으로 남겨 주십시오.

〈잠언 22:6〉
"마땅히 행할 길을 아이에게 가르치라 그리하면 늙어도 그것을 떠나지 아니하리라"

〈신명기 6:4-7〉
"4 이스라엘아 들으라 우리 하나님 여호와는 **오직 유일한 여호와이시니**
5 **너는 마음을 다하고 뜻을 다하고 힘을 다하여 네 하나님 여호와를 사랑하라**
6 오늘 내가 네게 명하는 이 말씀을 너는 마음에 새기고
7 네 자녀에게 부지런히 **가르치며** 집에 앉았을 때에든지 길을 갈 때에든지 누워 있을 때에든지 일어날 때에든지 **이 말씀을 강론할 것이며**"

〈신명기 5:16〉
"너는 네 하나님 여호와께서 명령한 대로 네 부모를 공경하라 그리하면 네 하나님 여호와가 네게 준 땅에서 네 생명이 길고 복을 누리리라"

위 말씀에서, '네 부모'를 '하나님'으로 바꿔 읽고 생각해 보십시오. 얼마나 좋고 명쾌합니까.

시간을 내어 히브리서 11장을 읽어 보십시오. 이 장은 흔히 '믿음

의 장'이라 불립니다. 히브리서 10장 후반부는 수신자들에게 '믿음의 인내'를 요구합니다. 그 후 11장은 **믿음의 인내를 가지고 살아간 역사적 인물들을** 열거하며 수신자들의 신앙을 고무시킵니다. 믿음은 그리스도 이전의 시대나 그리스도의 시대나 어느 시대를 막론하고 변함이 없는 동일한 특성을 갖습니다.

히브리서 11장 1절은 믿음의 본질에 대해 말씀하고 있습니다. "믿음은 바라는 것들의 실상이요 보지 못하는 것들의 증거"입니다.

믿음 있는 삶은 또한 전도에 열심을 내는 삶입니다. 믿음을 가진 사람은 그 믿음을 나누고, 다른 이들에게 하나님을 전하려는 마음을 가지고 살아갑니다.

〈고린도전서 9:16〉
"내가 복음을 전할지라도 자랑할 것이 없음은 내가 부득불 할 일임이라 **만일 복음을 전하지 아니하면 내게 화가 있을 것이로다**"

〈마가복음 16:15-18〉
"15 또 이르시되 너희는 **온 천하에 다니며 만민에게 복음을 전파하라**
16 **믿고 세례를 받는 사람은 구원을 얻을 것이요** 믿지 않는 사람은 정죄를 받으리라
17 믿는 자들에게는 이런 표적이 따르리니 곧 그들이 내 이름으로 귀신을 쫓아내며 새 방언을 말하며
18 뱀을 집어올리며 무슨 독을 마실지라도 해를 받지 아니하며 병든 사

람에게 손을 얹은즉 나으리라 하시더라"

〈요한복음 4:29, 39-42, 50〉
"29 내가 행한 모든 일을 내게 말한 사람을 와서 보라 이는 그리스도가 아니냐 하니
39 여자의 말이 내가 행한 모든 것을 그가 내게 말하였다 증언하므로 그 동네 중에 많은 사마리아인이 예수를 믿는지라
40 사마리아인들이 예수께 와서 자기들과 함께 유하시기를 청하니 거기서 이틀을 유하시매
41 예수의 말씀으로 말미암아 믿는 자가 더욱 많아
42 그 여자에게 말하되 이제 우리가 믿는 것은 네 말로 인함이 아니니 이는 우리가 친히 듣고 그가 참으로 세상의 구주신 줄 앎이라 하였더라
50 예수께서 이르시되 가라 네 아들이 살아 있다 하시니 그 사람이 예수께서 하신 말씀을 믿고 가더니"

요한복음 4장을 다 읽어 보십시오.

글을 마치렵니다.

'믿음'이란, 한 마디로, 예수님을 믿는 것입니다. 예수님의 말씀대로 살아가는 것입니다. 예수님을 닮아가는 삶입니다. 하나님의 뜻대로 사는 것이 믿음의 출발점입니다.

〈요한복음 11:25-27〉
"25 예수께서 이르시되 **나는 부활이요 생명이니 나를 믿는 자는 죽어도**

살겠고

26 무릇 살아서 나를 믿는 자는 영원히 죽지 아니하리니 이것을 네가 믿느냐

27 이르되 주여 그러하외다 주는 그리스도시요 세상에 오시는 하나님의 아들이신 줄 내가 믿나이다"

다시 한번 묻습니다.

사랑하는 성도 여러분, 신앙생활을 하신 지 몇 해나 되었습니까? '믿음' 생활을 얼마나 잘하고 계시다고 생각하십니까? 주위 사람들이 여러분이 예수님을 믿는 성도라고 몇 명이나 알고 있습니까? 사회생활을 할 때, '**나는 예수님을 믿는 사람이니까**'라고 의식하며 살아가고 계십니까? 또한, 나는 성령이 거하시는 성전임을 진지하게 생각해 보신 적이 있습니까?

구체적으로 생각해 보십시오. 주일을 제대로 지키고 있습니까? 십일조는 온전히 드리고 있습니까? 주일헌금, 선교헌금, 감사헌금 등을 드리고 있습니까? 전도는 어떻게 하고 있습니까? 수요예배나 금요기도회에 참석하고 있습니까? 새벽기도회에도 나가 보려고 노력하고 있습니까?

"항상 기뻐하라. 쉬자 말고 기도하라. 범사에 감사하라"

하나님의 말씀을 따르다

이 말씀을 어느 정도 실천하고 계십니까? 제 진단이 정확한지는 알 수 없지만, '평강과 감사'가 넘쳐난다면, 믿음 생활을 어느 정도 잘 하고 계시다고 다시 한번 감히 말씀드릴 수 있습니다.

"하나님 참으로 감사합니다. 이것도, 저것도 감사합니다." **'감사합니다'**라는 말이 넘치는 기도야말로 하나님께서 정말 기뻐하시는 기도입니다.

감사합니다.

"하나님의 뜻대로 사는 것이
믿음의 출발점입니다."

제4장
삶 속에서 믿음으로 살아내다

"네 보물 있는 그 곳에는 네 마음도 있느니라.
그런즉 너희는 먼저 그의 나라와 그의 의를 구하라 그리하면
이 모든 것을 너희에게 더하시리라"

마태복음 6:21, 33

13 쉬지 말고 기도하라
14 재물
15 고난
16 순종은 제사보다 낫다

13
쉬지 말고 기도하라

믿음 생활에서 가장 잘 준행해야 할 것 중 하나가 바로 '기도 생활'입니다.

"감사하시고 사랑이 많으신 나의 절대 구원자이신 하나님 아버지!" 이렇게 부르며 기도하는 우리 성도들은 하나님의 자녀들은 얼마나 복된 삶을 누리고 있는지 모릅니다. **하나님의 자녀만이 하나님과 대화하며, 기도하며, 간구하며 부르짖을 수 있는 특권을 누립니다.** 이 특권을 이 세상에 머무시는 동안 마음껏 누리시기 바랍니다.

기도는 성도가 하나님께 감사를 드리고, 사정과 처지, 어려움, 그리고 바라는 바를 절대 구원자이신 하나님께 아뢰는 것입니다.

하나님은 우리에게 '의지(생각)'를 주셨습니다. 인간만이 이 '의지'를 가진 인격체입니다. 그리고 이 '의지'로 하나님께 아뢰는 것이 기도입니다. 헌데 이해하기 쉽지 않겠지만, 실은 성령의 도우심 없이는 우리는 온전히 기도할 수 없습니다. 설명은 생략하겠습니다. '성령은 어떤 분이신가' 편을 읽어보시기 바랍니다. '성령'이 우리의 믿음 수준에 맞게 기도할 수 있도록 도우십니다.

기도는 내가 처한 상황을 아주 솔직하고 진정성 있게, 숨김없이 하나님께 아뢰는 것입니다. 인간은 혼자 절대로 살아갈 수 없습니다. 누군가와 대화하며 살아갑니다. 정도의 차이는 있지만, 자신의 상황을 솔직히 털어놓아야 합니다. 우리가 친구나 직장 동료 사이에서도 자신의 실상, 처지, 약점을 숨기지 않고 이야기할 때 가까워집니다. 신뢰하게 됩니다. 친해집니다.

기도 또한 하나님께 내 모든 것을 고백하며 간구할 때, 하나님께서 기뻐하시며 우리의 기도를 들어주십니다. 하나님은 이미 모든 것을 다 알고 계십니다. 기도는 내가 하나님께 하는 것이 맞습니다. 앞서 언급했습니다만, **감사를, 사정을, 처지를, 어려움을, 바라는 바를 아뢰고 부르짖는 것이 기도의 기본입니다. 하지만 그 과정에서 자연히 하나님의 말씀을 듣게 되고, 아니, 하나님의 말씀이 떠오르게 됩니다.** 순종해야겠다는 마음이 생기고, 그리고 조금씩 조금씩 실천에 옮겨지게 됩니다. 점차 하나님 말씀대로 살아가게 되지요. 그 기도의 시간을 통해 생각이 정리되고 깊어지며, 내가 알 수 없는 하나님의 준비를 기대하게 됩니다. 모든 것을 깨닫게 도우십니다.

하나님께서는 모든 것을 알고 계시기에, **기도하는 과정에서는 자연스럽게 회개하게 됩니다.** 기도하다 보면 우리의 좋지 않은 성품, 욕망, 악한 생각, 나쁜 습관 등을 깨닫게 되어, 자연스럽게 회개의 자리로 나아가게 되는 것이지요.

또한 기도하면 말의 실수가 줄어듭니다. 사람은 누구나 말하고 싶어 하지만, **하나님은 언제나 말씀하시는 분이십니다. 우리가 그분의 말씀을 듣고자 아니할 뿐입니다.** 성경은 하나님의 말씀입니다. **기도하다 보면 자연히 부족한 것을 깨닫게 됩니다.**

〈욥기 42:4〉
"내가 말하겠사오니 주는 들으시고 내가 주께 묻겠사오니 주여 내게 알게 하옵소서"

갑자기 생각이 떠올라 몇 마디 삽입합니다. 간증합니다. 새벽기도회 후, 저는 으레 뒷산(백련산)을 올랐습니다. 물론 건강을 잘 유지하기 위해서이지요. 십이 년 전부터 (현재 2023년 3월, 89세) 당뇨, 고혈압, 전립선 비대증 약을 먹기 시작했습니다. 왜 이런 병을 앓게 하나님이 허락하셨을까요? **약만 의지하지 않고** 계속 운동하도록 하게 하기 위해서 그리 하셨구나, 하는 깨달음이 들었습니다.

만약 이런 시련이 없었다면, 이 나이에 계속 운동을 하지 않았을지도 모른다고 염려되었기 때문입니다.

이와 같이 연단과 시련을 통하여, 깨닫게 하시고 기도하게 하시고 말씀대로 살게 하십니다.

달리 말씀드려 보겠습니다. **하나님의 음성을 말씀을 듣는 것이 기도의 핵심일지 모르겠습니다.** 우리가 기도하다 보면 내 사정만 내 처지만 현재의 어려움만 해결해 달라고 기도하다가도, 어느 결에 스스로 해결의 실마리를 찾게 되는 경우가 있습니다. 하나님께서 직접 말씀하셔서가 아니라, 스스로 깨닫게 된다는 말이지요.

'상담'을 잘하는 분은 자신의 생각을 이야기해 주는 것이 아니라, 상담을 받으러 온 사람이 스스로 모든 것을 말하게 만드는 사람입니다. 잘 들어주는 사람이 진정한 상담가입니다. 자기 사정을 처지를 어려움을 다 아뢰다 보면, 스스로 위로받고 해결의 실마리를 스스로 깨닫게 됩니다.

그래서 상담을 잘하는 사람은 '혼자'만 말하게 하는 것이 아니라, 여러 사람을 함께 모아 다른 사람이 말할 때, 자신만 그런 것이 아니라는 것을 깨닫게 합니다. 그렇게 함으로써 위로를 받고, 해결의 실마리를 스스로 찾아가게 되는 것입니다. **기도도 마찬가지로, 여럿이 함께 모여 합심기도를 하는 것도 매우 좋은 방법입니다.**

〈마태복음 18:18-20〉
"18 진실로 너희에게 이르노니 무엇이든지 너희가 땅에서 매면 하늘에서도 매일 것이요 무엇이든지 땅에서 풀면 하늘에서도 풀리리라
19 진실로 다시 너희에게 이르노니 너희 중의 **두 사람이 땅에서 합심하여 무엇이든지 구하면 하늘에 계신 내 아버지께서 그들을 위하여 이루게 하시리라**
20 두세 사람이 내 이름으로 모인 곳에는 나도 그들 중에 있느니라"

기도도 마찬가지입니다. 앞에서 말씀드렸듯이, 하나님께 호소하고 부르짖다 보면, 그 과정 속에서 스스로 해결의 실마리를 깨닫게 되고 해결되는 것입니다.

하나님의 음성을 꼭 들어야만 기도가 응답되는 것은 아닙니다. 또 다른 비유를 들어 보겠습니다. 어린 손자가 할아버지께 '과자'를 사달라고 조르지요. 할아버지는 그 손자가 귀여워서 기꺼이 사주지요. 그러면서 할아버지가 "할아버지도 먹게 하나 주어야지"라고 하면, 손자는 때로 "싫어"라고 하지요. 그럼에도 얼마나 귀엽습니까. 헌데 그 손자가 장성하여 직장에 다니는데 할아버지를 제대로 섬기지 않으면, 할아버지는 말씀은 안 하셔도 섭섭하게 되지요.

기도도 마찬가지입니다. 기도할 때가 되었는데 기도하지 않는다면, 하나님께서 얼마나 섭섭하시겠습니까? 하나님 말씀대로 살아가며 기도해야 합니다. **아니, 기도하다 보면 자연스럽게 회개하게**

되지요. 말씀대로 살려고 애쓰게 되겠지요.** '여기까지 인도해 주신 것'을, '오늘의 내가 나 된 것'을 감사하며 기도하게 되겠지요.

또 다음과 같이 고백하며 기도해야 되겠지요. "하나님 아버지! 이 세상에 머무는 동안 하나님 자녀답게 마땅히 어떻게 행하며 하나님을 어떻게 기쁘게 할 수 있는지를 배워 알고 있사오니, **잘 행할 수 있도록 성령께서 도와주시옵소서.** 거룩하게 성결하게 살아가게 하소서."

어쩌면 하나님은 바로 응답하시기보다 우리가 기다리는 과정을 더 좋아하실 것 같습니다. 그 간절한 기도 제목 때문에 하나님과 맺는 깊은 인격적 관계와 교제를 기뻐하시기 때문입니다.

구약 시대에는 제사장이 제물을 드리며, 백성들의 죄를 용서해 달라고 하나님께 빌며 제사를 드렸습니다. 제물을 준비하고 드리는 제사의 과정이 얼마나 번거로운지 모릅니다. 야곱의 열두 지파 중 레위 족속이 이를 담당했지요. 그런데 **신약 시대에는 완전히 달라졌습니다. 하나님께서 독생자 예수를 이 세상에 보내사 성육신하셔서 십자가에 달려 죽으심으로 우리의 죄를 단번에 용서해 주시고 구원해 주셨습니다.** 이것이 바로 성경의 핵심 중의 핵심입니다.

하나님은 '성막' 속에 모셨습니다. 일 년에 한 번 대제사장이 지성소에 들어가 제사를 드리며 용서를 구했습니다. 예수님께서 하나님을 감싸고 있었기 때문에 대제사장이 살아서 제사를 드릴 수 있었습니다. 그런데 **예수님께서 십자가에 달려 죽으실 때, 성막의 휘장이 쫙 찢어졌습니다. '성막'의 휘장은 예수님을 상징합니다.** 예수님의 육체를 나타냅니다. 예수님께서 십자가에 달리는 순간, 휘장이 확 찢어졌고, 예수님의 피가 콸콸 떨어졌습니다. 하나님께서 예수님의 피(血)를 밟고 갇힌 공간에서 나오신 것입니다.

"얘들아! 내가 너희를 이처럼 사랑한다. 함께 살며 늘 대화하자" 하신 것입니다.

그래서 이제는 우리가 직접 하나님과 대화하며 기도하며 간구하며 부르짖을 수 있게 된 것입니다. 하나님께 직접 기도할 수 있는 큰 복을 하나님께서 우리 자녀들에게 주셨습니다. 다시 한번 09 설교문 '하나님의 사랑'이란 설교문을 읽어 보시기 바랍니다.

사도 바울이 이 장면을 그대로 보여 주신 부분이 에베소서 2장 13절부터 18절까지에 나와 있습니다.

〈에베소서 2:13-18〉
"13 이제는 전에 멀리 있던 너희가 그리스도 예수 안에서 그리스도의 피로 가까워졌느니라
14 그는 우리의 화평이신지라 둘로 하나를 만드사 원수 된 것 곧 중간에 막힌 담을 자기 육체로 허시고
15 법조문으로 된 계명의 율법을 폐하셨으니 이는 이 둘로 자기 안에서

한 새 사람을 지어 화평하게 하시고
16 또 십자가로 이 둘을 한 몸으로 하나님과 화목하게 하려 하심이라 원수 된 것을 십자가로 소멸하시고
17 또 오셔서 먼 데 있는 너희에게 평안을 전하시고 가까운 데 있는 자들에게 평안을 전하셨으니
18 이는 그로 말미암아 우리 둘이 한 성령 안에서 아버지께 나아감을 얻게 하려 하심이라"

예수님은 십자가에서 마지막으로 "다 이루었다"고 고백하십니다. 이것은 하나님의 꿈이, 아버지의 소원이 다 이루어진 것입니다.

그래서 로마서 5장 8절에서 "우리가 아직 죄인 되었을 때 그리스도께서 우리를 위하여 죽으심으로 하나님께서 우리에게 대한 자기의 사랑을 확증하셨느니라" 기록한 것입니다.

이제 우리는 죄로부터 자유로운 몸이 된 것입니다.

기도의 대상이 어떤 분이신가를 알고 고백하며 기도해야 됩니다. '하나님은 어떤 분이신가' 편을 참고하시기 바랍니다.

〈이사야 63:16〉
"**주는 우리 아버지시라** 아브라함은 우리를 모르고 이스라엘은 우리를 인정하지 아니할지라도 여호와여, **주는 우리의 아버지시라** 옛날부터 주의 이름을 우리의 구속자라 하셨거늘"

위 말씀 중 "주는 우리 아버지시라"와 "우리의 구속자라"는 말씀과 같이 기도할 때는 그 대상이 누구인지를 고백하며 기도해야 합니다. 하나님은 우리의 아버지시며, 우리의 구속자이십니다. **"아버지가 아들이 달라고 하는데 어찌 주시지 않겠는가"**라는 말씀을 묵상해봅시다. 하나님은 우리의 필요를 아시고, 그 사랑으로 응답해 주십니다.

〈이사야 64:9〉
"여호와여, 너무 분노하지 마시오며 죄악을 영원히 기억하지 마시옵소서 구하오니 보시옵소서 보시옵소서 **우리는 다 주의 백성이니이다**"

'우리는 다 주의 백성입니다'라고 고백하며 기도해야 됩니다. 달리 말씀드리면, **우리는 기도할 때 하나님은 어떤 분이시며 어떤 능력을 가지신 분이신지를 고백하며 기도해야 한다는 것입니다.** 또한 하나님께서는 우리를 항상 돌보시고 염려하시며, **우리가 회개하고 돌아오기를 기다리시며 참고 계시다는 것을 생각하며 기도해야 합니다.**

또 우리 인간은, 아니 나는 어떤 상태인가도 알아야 하며, 때로는 내가 어떤 처지에 놓여 있는가를 솔직히 고백하며 기도해야 됩니다.

그러면 이제 성경에 나오는 기도에 관한 말씀을 순서 없이 소개해 보겠습니다.

〈마가복음 7:20-23〉
"**20 또 이르시되 사람에게서 나오는 그것이 사람을 더럽게 하느니라**
21 속에서 곧 사람의 마음에서 나오는 것은 악한 생각 곧 음란과 도둑질과 살인과
22 간음과 탐욕과 악독과 속임과 음탕과 질투와 비방과 교만과 우매함이니
23 이 모든 악한 것이 다 속에서 나와서 사람을 더럽게 하느니라"

우리 인간은, 아니 나는 위 말씀과 같은 사람이 아닌지 뒤돌아보며 회개하며 기도해야 합니다. 그러면 **자연스럽게 위 말씀에 나오는 '사람'으로부터 점점 자유로워집니다.** 멀어지는 사람이 됩니다.

기도할 때에는 확신과 인내가 필요합니다. 끈질기게 기도하라고 하십니다.

예수님께서 '과부와 재판장'의 비유로 다음과 같이 말씀하셨습니다.

〈누가복음 18:1-8〉
"**1 예수께서 그들에게 항상 기도하고 낙심하지 말아야 할 것을 비유로 말씀하여**
2 이르시되 어떤 도시에 하나님을 두려워하지 않고 사람을 무시하는 한 재판장이 있는데
3 그 도시에 한 과부가 있어 자주 그에게 가서 내 원수에 대한 나의 원한

을 풀어 주소서 하되

4 그가 얼마 동안 듣지 아니하다가 후에 속으로 생각하되 내가 하나님을 두려워하지 않고 사람을 무시하나

5 **이 과부가 나를 번거롭게 하니 내가 그 원한을 풀어 주리라 그렇지 않으면 늘 와서 나를 괴롭게 하리라 하였느니라**

6 주께서 또 이르시되 불의한 재판장이 말한 것을 들으라

7 하물며 **하나님께서 그 밤낮 부르짖는 택하신 자들의 원한을 풀어 주지 아니하시겠느냐 그들에게 오래 참으시겠느냐**

8 내가 너희에게 이르노니 속히 그 원한을 풀어 주시리라 그러나 인자가 올 때에 세상에서 믿음을 보겠느냐"

예수님도 우리를 위해 하나님께 이렇게 기도하셨습니다.

〈요한복음 17:21〉

"아버지여, 아버지께서 내 안에, 내가 아버지 안에 있는 것 같이 그들도 다 하나가 되어 우리 안에 있게 하사 **세상으로 아버지께서 나를 보내신 것을 믿게 하옵소서**"

기도는 항상 해야 합니다. 가능한 새벽 시간에 일정하게 기도하고 경지까지 가야 됩니다. 매일 새벽기도회에 참석할 수 있을 만큼까지 이르려면, 결코 쉽지 않지만...

〈누가복음 22:39-46〉

"39 예수께서 나가사 **습관을 따라** 감람 산에 가시매 제자들도 따라갔더

니

40 그 곳에 이르러 그들에게 이르시되 **유혹에 빠지지 않게 기도하라** 하시고

41 그들을 떠나 돌 던질 만큼 가서 무릎을 꿇고 기도하여

42 이르시되 아버지여 **만일 아버지의 뜻이거든** 이 잔을 내게서 옮기시옵소서 그러나 **내 원대로 마시옵고 아버지의 원대로 되기를 원하나이다** 하시니

43 천사가 하늘로부터 예수께 나타나 힘을 더하더라

44 예수께서 힘쓰고 애써 더욱 **간절히 기도하시니** 땀이 땅에 떨어지는 핏방울 같이 되더라

45 기도 후에 일어나 제자들에게 가서 슬픔으로 인하여 잠든 것을 보시고

46 이르시되 어찌하여 자느냐 시험에 들지 않게 일어나 기도하라 하시니라"

우리는 예수님을 닮아가는 삶을 살아야 합니다. 그러니 우리도 열심히 기도해야 합니다.

또 다음 말씀도 기억합시다.

⟨사무엘상 12:23⟩

"**나는 너희를 위하여 기도하기를 쉬는 죄를 여호와 앞에 결단코 범하지 아니하고** 선하고 의로운 길을 너희에게 가르칠 것인즉"

기도는 성도가 하나님과 대화하며 교제할 수 있는 가장 중요한

통로라고 앞에서 말씀드렸지요. 예수님께서는 성도가 하나님의 자녀가 하나님의 풍성한 은혜를 받을 수 있는 통로로 기도를 여러 번 강조하시고 말씀하셨습니다.

〈마태복음 7:7-11〉
"7 **구하라** 그리하면 너희에게 주실 것이요 **찾으라** 그리하면 찾아낼 것이요 **문을 두드리라** 그리하면 너희에게 열릴 것이니
8 구하는 이마다 받을 것이요 찾는 이는 찾아낼 것이요 두드리는 이에게는 열릴 것이니라
9 너희 중에 누가 아들이 떡을 달라 하는데 돌을 주며
10 생선을 달라 하는데 뱀을 줄 사람이 있겠느냐
11 너희가 악한 자라도 좋은 것으로 자식에게 줄 줄 알거든 **하물며 하늘에 계신 너희 아버지께서 구하는 자에게 좋은 것으로 주시지 않겠느냐**"

얼마나 명쾌한 '기도'에 관한 말씀입니까. 실은 제가 예수님을 믿기 전, 처음 접한 성경 말씀입니다. 고등학교 교사 시절, 작문 교과서에서 처음 접하고 깊은 감동을 받았습니다. 교과서에 인용된 의도는 '작문(글 쓰는 법)'도 위 성경 말씀처럼 열심을 다하여 계속 노력하면 잘 쓸 수 있다는 취지로 인용된 것인데, 이 말씀은 기도에 대해서 매우 중요한 진리를 담고 있습니다.

기도에 관한 예수님의 다음 말씀도 얼마나 귀한지 모르겠습니다.

〈요한복음 14:13-14〉

"13 너희가 내 이름으로 **무엇을 구하든지** 내가 행하리니 이는 아버지로 하여금 아들로 말미암아 영광을 받으시게 하려 함이라
14 내 이름으로 무엇이든지 내게 구하면 내가 행하리라"

아래 말씀도 얼마나 우리의 기도에 확실히 응답하시겠다고 하신 말씀인지 모릅니다.

〈이사야 58:9〉
"네가 부를 때에는 나 여호와가 응답하겠고 네가 부르짖을 때에는 내가 여기 있다 하리라 (중략)"

〈시편 81:10〉
"(중략) 네 입을 크게 열라 내가 채우리라 (중략)"

〈이사야 38:5〉
"(중략) 하나님 여호와께서 이같이 말씀하시기를 내가 네 기도를 들었고 네 눈물을 보았노라 (중략)"

〈예레미야 33:3〉
"너는 내게 부르짖으라 내가 네게 응답하겠고 네가 알지 못하는 크고 은밀한 일을 네게 보이리라"

〈욥기 42:2, 4〉
"2 주께서는 못 하실 일이 없사오며 무슨 계획이든지 못 이루실 것이 없는 줄 아오니

4 내가 말하겠사오니 **주는 들으시고** 내가 주께 묻겠사오니 **주여 내게 알게 하옵소서**"

그러면 성경에 나오는 기도에 대한 말씀을 다시 두서없이 소개할까 합니다.

〈시편 119:147-148〉
"147 내가 날이 밝기 전에 부르짖으며 주의 말씀을 바랐사오며
148 주의 말씀을 조용히 읊조리려고 내가 새벽녘에 눈을 떴나이다"

〈시편 39:12〉
"여호와여 나의 **기도를 들으시며** 나의 부르짖음에 **귀를 기울이소서** 내가 눈물 흘릴 때에 **잠잠하지 마옵소서** 나는 주와 함께 있는 나그네이며 나의 모든 조상들처럼 떠도나이다"

〈시편 116:1-2〉
"1 여호와께서 **내 음성과 내 간구를 들으시므로** 내가 그를 사랑하는도다
2 그의 귀를 내게 기울이셨으므로 **내가 평생에 기도하리로다**"

기도하다 보면 내가 무엇을 잘못했구나, 하나님 말씀대로 살려고 하지 않았고, 세상 것에, 헛된 것에만 눈을 돌리고 있었구나 하고 깨닫게 됩니다.

하나님 말씀대로 살지 않을 때 거역할 때, **'평안과 감사'가** 올 리 만무하지요. 하나님께서 주시지 않아서가 아니라 '죄'가 하나님과

우리 사이를 막아서서 '평안과 감사'를 받지 못하는 것입니다. 태양은 항상 비추고 있으나 구름이 그 사이를 가려서 햇빛을 받지 못하는 것과 같습니다. 죄 때문에 햇빛을 못 받는 것입니다. **심판이 마지막 날에만 있는 것이 아닙니다.** 현세에서도 일어나고 있습니다. 죄를 지었는데 어디 평강과 감사를 누릴 수 있겠습니까. 죄를 지었을 때 바로 심판이 일어나지 않을 뿐입니다. **하나님께서는 참으시고 또 우리가 회개하기를 기다리시고 또 기다리시는 것 뿐입니다.**

다음 성경 말씀을 생각해 보십시오.

〈전도서 8:11〉
"악한 일에 관한 징벌이 속히 실행되지 아니하므로 **인생들이 악을 행하는 데에 마음이 담대하도다**"

인간의 죄악은 크게 **하나님에 대한 죄**와 **인간의 탐욕에서 비롯되는 죄**로 나눌 수 있습니다. 물론, **크게 보면 하나님 말씀대로 살지 않는 것이 다 죄이지만요.**

우상숭배는 하나님에 대한 죄입니다. 우상숭배는 단순히 돌이나 나무 등에 절하는 행위만을 말하는 것이 아닙니다. 굿을 하거나 점을 치는 행위만을 의미하는 것이 아니라는 사실은 모두가 잘 아는 사실입니다.

세상 것, 헛된 것 즉 돈이나 재물, 권세 등에 지나치게 치우치는

것도 우상 숭배입니다. 자녀들만을 생각한다면 그것도 넓은 의미에서 우상 숭배입니다. **그중에서 가장 어려운 문제가 돈과 재물 문제입니다.** 마태복음 6장에 있는 말씀을 잘 기억하십시오.

〈마태복음 6:24, 33, 34〉
"24 한 사람이 두 주인을 섬기지 못할 것이니 혹 이를 미워하고 저를 사랑하거나 혹 이를 중히 여기고 저를 경히 여김이라 **너희가 하나님과 재물을 겸하여 섬기지 못하느니라**
33 그런즉 너희는 먼저 그의 나라와 그의 의를 구하라 그리하면 이 모든 것을 너희에게 더하시리라
34 그러므로 내일 일을 위하여 염려하지 말라 내일 일은 내일이 염려할 것이요 한 날의 괴로움은 그 날로 족하니라"

참으로 귀한 말씀이지요. **세상 것에 헛된 것에 지나치게 관심을 두면 기도가 안 됩니다.** 기도의 바른 자세는, 하나님의 뜻에 맞는지 깊이 생각하며 기도하는 것입니다.

〈요한1서 5:14-15〉
"14 그를 향하여 우리가 가진 바 담대함이 이것이니 **그의 뜻대로 무엇을 구하면 들으심이라**
15 우리가 **무엇이든지 구하는 바를 들으시는 줄을** 안즉 우리가 그에게 구한 그것을 얻은 줄을 또한 아느니라"

우리는 기다림에 약합니다. 기다리는 것은 우리에게 가장 어려운 일 중 하나입니다. 하루의 정적 속에서 주님의 음성을 기다리기보

다는 차라리 에베레스트산에 오르는 것이 우리입니다. 침묵의 시간에 우리는 듣기보다는 입을 여는 경향이 있습니다. 하지만 조급증을 참지 못하고 말을 늘어놓거나 행동에 뛰어든다면 우리는 하나님께서 주시려는 놀라운 (침묵) 계시를 놓칠 수 있습니다. 몇 년을 기다려도 응답이 없을 수 있습니다. 그러나 **응답하시지 않는 것도 응답입니다.** 하나님의 뜻을 이해하려는 자세가 필요합니다. 다시 말씀드립니다. '무응답'이 응답일 때가 있습니다. 그럼에도 기도해야 합니다.

아! 여러분, 말씀을 마쳐야겠습니다. 기도하면 하나님은 다 들어주신다고 말씀드렸지만, 기도가 응답되지 않을 때도 있다는 것을 아셔야 합니다. 전도서 3장 11절에 **"하나님이 하시는 일의 시종을 사람으로 측량할 수 없게 하셨느니라"**라고 말씀하셨습니다.

기도의 대상이신 하나님이 누구이신지를 다시 한번 알고 기도해야 더욱 절실하게 기도하게 됩니다.

〈시편 127:1〉
"여호와께서 **집을 세우지 아니하시면** 세우는 자의 수고가 헛되며 여호와께서 **성을 지키지 아니하시면** 파수꾼의 깨어 있음이 헛되도다"

〈시편 94:9〉
"**귀를 지으신 이가 듣지 아니하시랴** 눈을 만드신 이가 보지 아니하시랴"

기도는 진정으로 해야 합니다. 예수님께서는 기도의 수는 헤아리지 아니하시나, 그 '무게'를 보십니다. 또한 하나님께서는 기도의 '길이'를 재지 아니하시고 그 '깊이'를 재시는 분이십니다.

너희는 이렇게 기도하라고 하십니다.

〈마태복음 6:5-9〉
"5 또 너희는 기도할 때에 외식하는 자와 같이 하지 말라 (중략)
6 너는 기도할 때에 **네 골방에 들어가 문을 닫고 은밀한 중에 계신 네 아버지께 기도하라** 은밀한 중에 보시는 네 아버지께서 갚으시리라
7 또 기도할 때에 이방인과 같이 중언부언하지 말라 그들은 말을 많이 하여야 들으실 줄 생각하느니라
8 그러므로 그들을 본받지 말라 **구하기 전에 너희에게 있어야 할 것을 하나님 너희 아버지께서 아시느니라**
9 그러므로 너희는 이렇게 기도하라 (중략)"

여기에 들어갈 '주기도문'은 생략하겠습니다.

이사야 38장은 히스기야 왕이 하나님께 간절히 기도하고 응답받은 매우 잘 알려진 기도 이야기입니다. **히스기야 왕은 병에 걸렸을 때, 개인적인 안위보다 나라의 운명을 더 걱정하여 하나님께 자비를 구하며 기도했습니다.** 이에 하나님께서는 그의 기도를 들으시고 생명을 십오 년이나 연장해 주셨습니다. 이사야 38장 1절부터 6절까지에 기록되어 있으나 본문은 옮기지 않겠습니다.

"기도하라." 성경에서 얼마나 많이 나오는 말씀입니까. 그럼 '기도하라'라고 말씀한 성경 여러 군데 중 일부만을 소개해 보겠습니다.

〈빌립보서 4:6-7〉
"6 아무 것도 염려하지 말고 다만 모든 일에 기도와 간구로, 너희 구할 것을 감사함으로 하나님께 아뢰라
7 그리하면 모든 지각에 뛰어난 **하나님의 평강이 그리스도 예수 안에서 너희 마음과 생각을 지키시리라**"

〈마가복음 11:24〉
"(중략) 무엇이든지 기도하고 구하는 것은 받은 줄로 믿으라 (중략)"
〈마가복음 9:29〉(예수님의 말씀)
"(중략) 기도 외에 다른 것으로는 이런 종류가 나갈 수 없느니라 하시니라"(귀신 쫓은 사건)

말씀을 마치겠습니다. 감사합니다.

14
재물

그냥 제목을 '재물'이라고 붙였습니다.

신앙생활에서 가장 어려운 문제 중 하나가 바로 재물과 헌금에 관한 것입니다. 심지어 목사님들조차도 헌금 설교를 어려워하시고, 가능하다면 피하고자 하십니다. **재물은 인간의 마음을 사로잡는 가장 강력한 유혹 중 하나로, 우리가 어떻게 다루고 사용하는지에 따라 삶의 방향이 크게 달라집니다.**

재물, 즉 돈은 참으로 귀한 것이지요. 우리가 돈을 벌기 위해 얼마나 많은 시간과 몸, 노력, 그리고 힘을 쏟습니까. 재물 자체는 절대로 악한 것이 아닙니다. 사실, 재물 없이 어떻게 이 세상을 살아갈 수 있습니까.

다만 이 귀중한 재물을 어떻게 사용하는가가 아주 중요한 것입니다. **아무리 믿음이 깊어 보이는 사람이라도, 하나님 말씀대로 뜻대로 재물을 쓰지 않는다면 그 사람의 믿음을 참된 것으로 보기 어렵습니다.**

이렇듯, 재물과 헌금 문제는 신앙생활에서 가장 다루기 힘든 주제 중 하나인 이유가 여기에 있습니다.

마태복음 6장 24절에 이런 예수님의 말씀이 있습니다.

〈마태복음 6:24〉
"한 사람이 두 주인을 섬기지 못할 것이니 혹 이를 미워하고 저를 사랑하거나 혹 이를 중히 여기고 저를 경히 여김이라 **너희가 하나님과 재물을 겸하여 섬기지 못하느니라**"

성경에서 오직 '재물'만을 인격체처럼 표현한 부분이 바로 이 구절입니다. 정말 진리의 말씀이라고 생각되지 않습니까.

마태복음 6장 21절에는 이런 예수님의 말씀도 있습니다.

〈마태복음 6:21〉
"네 보물이 있는 그 곳에는 네 마음도 있느니라"

참 귀한 말씀이지요.

누가복음 12장 34절에도 같은 말씀이 있습니다.

〈누가복음 12:34〉
"너희 보물이 있는 곳에는 너희 마음도 있느니라"

누가복음 12장 15절부터 23절까지의 말씀을 인용해 보겠습니다.

〈누가복음 12:15-23〉
"15 그들에게 이르시되 **삼가 모든 탐심을 물리치라** 사람의 생명이 그 소유의 넉넉한 데 있지 아니하니라 하시고
16 또 비유로 그들에게 말하여 이르시되 한 부자가 그 밭에 소출이 풍성하매
17 심중에 생각하여 이르되 내가 곡식 쌓아 둘 곳이 없으니 어찌할까 하고
18 또 이르되 내가 이렇게 하리라 내 곳간을 헐고 더 크게 짓고 내 모든 곡식과 물건을 거기 쌓아 두리라
19 또 내가 내 영혼에게 이르되 영혼아 여러 해 쓸 물건을 많이 쌓아 두었으니 평안히 쉬고 먹고 마시고 즐거워하자 하리라 하되
20 하나님은 이르시되 어리석은 자여 **오늘 밤에 네 영혼을 도로 찾으리니 그러면 네 준비한 것이 누구의 것이 되겠느냐** 하셨으니
21 자기를 위하여 재물을 쌓아 두고 하나님께 대하여 부요하지 못한 자가 이와 같으니라
22 또 제자들에게 이르시되 그러므로 내가 너희에게 이르노니 **너희 목숨을 위하여 무엇을 먹을까 몸을 위하여 무엇을 입을까 염려하지 말라**
23 목숨이 음식보다 중하고 몸이 의복보다 중하니라"

성도 여러분! 예수님의 이 말씀에 제가 무엇을 더 덧붙여 말씀드릴 수 있겠습니까.

마태복음 6장 25절부터 34절까지에는 이런 예수님의 말씀도 있습니다.

〈마태복음 6:25-34〉
"25 그러므로 내가 너희에게 이르노니 목숨을 위하여 무엇을 먹을까 무엇을 마실까 몸을 위하여 무엇을 입을까 염려하지 말라 목숨이 음식보다 중하지 아니하며 몸이 의복보다 중하지 아니하냐
26 공중의 새를 보라 심지도 않고 거두지도 않고 창고에 모아들이지도 아니하되 너희 하늘 아버지께서 기르시나니 너희는 이것들보다 귀하지 아니하냐
27 너희 중에 누가 염려함으로 그 키를 한 자라도 더할 수 있겠느냐
28 또 너희가 어찌 의복을 위하여 염려하느냐 들의 백합화가 어떻게 자라는가 생각하여 보라 수고도 아니하고 길쌈도 아니하느니라
29 그러나 내가 너희에게 말하노니 **솔로몬의 모든 영광으로도 입은 것이 이 꽃 하나만 같지 못하였느니라**
30 오늘 있다가 내일 아궁이에 던져지는 들풀도 하나님이 이렇게 입히시거든 하물며 너희일까보냐 믿음이 작은 자들아
31 그러므로 염려하여 이르기를 무엇을 먹을까 무엇을 마실까 무엇을 입을까 하지 말라
32 이는 다 이방인들이 구하는 것이라 너희 하늘 아버지께서 이 모든 것이 너희에게 있어야 할 줄을 아시느니라

33 그런즉 너희는 먼저 그의 나라와 그의 의를 구하라 그리하면 이 모든 것을 **너희에게 더하시리라**
34 그러므로 내일 일을 위하여 염려하지 말라 내일 일은 내일이 염려할 것이요 한 날의 괴로움은 그 날로 족하니라"

아! 얼마나 귀한 말씀입니까. 무슨 덧붙일 말씀이 있겠습니까.

마태복음 19장 16절부터 24절에 나오는 어느 재물 많은 청년의 이야기를 소개하겠습니다.

〈마태복음 19:16-24〉
"16 어떤 사람이 주께 와서 이르되 선생님이여 **내가 무슨 선한 일을 하여야 영생을 얻으리이까**
17 예수께서 이르시되 어찌하여 선한 일을 내게 묻느냐 선한 이는 오직 한 분이시니라 네가 생명에 들어 가려면 **계명들을 지키라**
18 이르되 어느 계명이오니이까 예수께서 이르시되 살인하지 말라, 간음하지 말라, 도둑질하지 말라, 거짓 증언 하지 말라,
19 네 부모를 공경하라, 네 이웃을 네 자신과 같이 사랑하라 하신 것이니라
20 그 청년이 이르되 이 모든 것을 내가 지키었사온대 아직도 무엇이 부족하니이까
21 예수께서 이르시되 네가 온전하고자 할진대 가서 **네 소유를 팔아 가난한 자들에게 주라 그리하면 하늘에서 보화가 네게 있으리라** 그리고 와서 나를 따르라 하시니

22 그 청년이 재물이 많으므로 이 말씀을 듣고 근심하며 가니라
23 예수께서 제자들에게 이르시되 내가 진실로 너희에게 이르노니 **부자는 천국에 들어가기가 어려우니라**
24 다시 너희에게 말하노니 낙타가 바늘귀로 들어가는 것이 부자가 하나님의 나라에 들어가는 것보다 쉬우니라 하시니"

믿음 생활에서 **헌금(물질) 문제가 가장 어려운 주제 중 하나라는 말씀을 이미 드렸지요.** 헌금을 아낌없이 드린다는 것은 결코 쉬운 일이 아닙니다. 신앙생활에서 이성 문제, 권력, 명예, 그리고 물질 등 여러 가지 도전이 있지만, 그중에서도 물질, 특히 헌금 문제는 가장 어렵다고 거듭 말씀드립니다.

하지만 **'재물(돈)' 자체는 절대 악이나 죄가 아닙니다.** 앞서 말씀드린 것처럼, 재물 없이는 우리의 일상을 살아갈 수 없지요. 우리가 재물을 얻기 위해 얼마나 많은 시간과 노력을 쏟아붓습니까. 많은 사람들이 재물을 많이 가진 사람을 부러워하고, 때로는 은근한 시기마저 느끼기도 하지요. 그만큼 재물은 우리 삶에서 절대적으로 필요하고 중요한 자원이라는 점을 누구나 알고 있습니다. 이 사실을 누가 부인할 수 있겠습니까.

문제가 되는 것은 재물을 얻기 위해 정당한 방법이 아닌 죄를 지어가며 재물을 모으는 경우입니다. 부정한 방법으로 재산을 모을 때, 그 자체가 죄를 짓는 것입니다. 부정한 방법으로 얻은 돈을 헌

금으로 드린다면, 과연 하나님께서 받으시겠습니까.

재산 문제로 인해 형제간에 다투고 싸우는 일이 얼마나 많은지 모릅니다. 심지어 살인까지 일어나는 경우도 있습니다. 이것이 재물의 속성입니다.

만약 우리가 그런 '재물로부터 자유로울 수 있다면' 얼마나 좋겠습니까. 예수님께서는 "하나님과 재물을 겸하여 섬길 수 없다"라고까지 마태복음 6장 24절에서 말씀하시지 않았습니까. 앞서 말씀드린 대로, 성경에서 오직 '재물'만을 '인격체'로 표현했습니다.

그런 재물을 어떻게 사용하는가가 참으로 중요합니다. 우리는 하나님의 뜻대로 사용해야 합니다. 탐심을 버리고, 하나님의 뜻을 좇아 재물을 사용해야 합니다. 우리가 얼마나 많은 재물을 소유했는가가 아니라, **소유한 재물을 소비하는 방향을 하나님께서는 주목하십니다.**

십일조에 관한 말씀을 드리렵니다.

〈말라기 3:7-10〉
"7 만군의 여호와가 이르노라 너희 조상들의 날로부터 **너희가 나의 규례를 떠나 지키지 아니하였도다** 그런즉 내게로 돌아오라 그리하면 나도 너희에게로 돌아가리라 하였더니 너희가 이르기를 우리가 어떻게 하여야

돌아가리이까 하는도다
8 사람이 어찌 하나님의 것을 도둑질하겠느냐 그러나 너희는 나의 것을 도둑질하고도 말하기를 **우리가 어떻게 주의 것을 도둑질하였나이까 하는도다 이는 곧 십일조와 봉헌물이라**
9 너희 곧 온 나라가 나의 것을 도둑질하였으므로 너희가 저주를 받았느니라
10 만군의 여호와가 이르노라 **너희의 온전한 십일조를 창고에 들여 나의 집에 양식이 있게 하고 그것으로 나를 시험하여 내가 하늘 문을 열고 너희에게 복을 쌓을 곳이 없도록 붓지 아니하나 보라"**

위 말씀 중 10절 말씀에 주목해보시기 바랍니다. 이 부분은 성경에서 유일하게 **"나 하나님을 시험해보라"**라고 말씀하신 유일한 곳입니다.

또한, 잠언 3장 9절에 이런 말씀도 있습니다.

〈잠언 3:9〉
"네 재물과 네 소산물의 처음 익은 열매로 여호와를 공경하라"

그리고, 누가복음 11장 42절에서는 '십일조'가 언급됩니다.

〈누가복음 11:42〉
"화 있을진저 너희 바리새인이여 너희가 박하와 운향과 모든 채소의 십일조는 드리되 공의와 하나님께 대한 사랑은 버리는도다 그러나 이것도 행하고 저것도 버리지 말아야 할지니라"

물론, 위 말씀은 십일조를 단순히 강조하는 것이 아닙니다. 바리새인들이 종교적인 율법을 열심히 지켰으나, 그 율법을 주신 하나님의 뜻 곧 공의와 사랑도 버리지 말아야 한다는 말씀입니다.

이 세상에서 지금 내가 소유하고 있는 것은 내 것이 아닙니다. 하나님께서 잠시 나에게 맡겨 두신 것입니다. 인간의 가장 사악한 본성은 하나님께 속한 것을 내 멋대로 쓰고 가로채려는 욕망입니다. 그러나 하나님은 절대 속지 않으실뿐더러, 당신의 것을 가로채는 죄인에게 준엄한 형벌을 내리십니다.

하나님의 뜻대로 재물을 사용하는 사람은 진정한 믿음이 있는 좋은 사람입니다. 물질과 돈으로부터 자유로운 사람은 정말로 하나님께서 기뻐하시는 삶을 누리는 것입니다.

사도행전 5장 1절부터 11절까지 말씀을 소개합니다.

〈사도행전 5:1-11〉
"1 아나니아라 하는 사람이 그의 아내 삽비라와 더불어 소유를 팔아
2 **그 값에서 얼마를 감추매** 그 아내도 알더라 얼마만 가져다가 사도들의 발 앞에 두니
3 베드로가 이르되 아나니아야 어찌하여 사탄이 네 마음에 가득하여 네가 성령을 속이고 땅 값 얼마를 감추었느냐
4 땅이 그대로 있을 때에는 네 땅이 아니며 판 후에도 네 마음대로 할 수가 없더냐 어찌하여 이 일을 네 마음에 두었느냐 **사람에게 거짓말한 것**

이 아니요 하나님께로다

5 아나니아가 이 말을 듣고 엎드러져 혼이 떠나니 이 일을 듣는 사람이 다 크게 두려워하더라

6 젊은 사람들이 일어나 시신을 싸서 메고 나가 장사하니라

7 세 시간쯤 지나 그의 아내가 그 일어난 일을 알지 못하고 들어오니

8 베드로가 이르되 그 땅 판 값이 이것뿐이냐 내게 말하라 하니 이르되 예 이것뿐이라 하더라

9 베드로가 이르되 **너희가 어찌 함께 꾀하여 주의 영을 시험하려 하느냐** 보라 네 남편을 장사하고 오는 사람들의 발이 문 앞에 이르렀으니 또 너를 메어 내가리라 하니

10 곧 그가 베드로의 발 앞에 엎드러져 혼이 떠나는지라 젊은 사람들이 들어와 죽은 것을 보고 메어다가 그의 남편 곁에 장사하니

11 **온 교회와 이 일을 듣는 사람들이 다 크게 두려워하니라**"

다시 말씀드립니다. 인간의 가장 사악한 속성은 하나님께 속한 것을 가로채는 것입니다. 하나님은 모든 것을 아십니다. 하나님을 진정으로 섬겨야 합니다.

사도행전 20장 35절에서는 '재물'을 나눠 주라고 하십니다. 나만을 위해 재물을 쓰는 것이 아니라, 하나님의 뜻을 좇아 살라고 말씀하십니다. 하나님의 향기를 드러내는 삶을 살라고 말씀하십니다.

〈사도행전 20:35〉

"범사에 여러분에게 모본을 보여준 바와 같이 수고하여 약한 사람들을

돕고 또 주 예수께서 친히 말씀하신 바 **주는 것이 받는 것보다 복이 있다 하심을 기억하여야 할지니라"**

또 누가복음 6장 38절에서도 '재물'을 주라고 말씀하십니다.

〈누가복음 6:38〉
"(재물을) 주라 그리하면 너희에게 줄 것이니 곧 후히 되어 누르고 흔들어 넘치도록 하여 너희에게 안겨 주리라 **너희가 헤아리는 그 헤아림으로 너희도 헤아림을 도로 받을 것이니라"**

〈마가복음 10:21-22〉
"21 예수께서 그를 보시고 사랑하사 이르시되 **네게 아직도 한 가지 부족한 것이 있으니** 가서 네게 있는 것을 다 팔아 가난한 자들에게 주라 그리하면 하늘에서 보화가 네게 있으리라 그리고 와서 나를 따르라 하시니 22 그 사람은 재물이 많은 고로 이 말씀으로 인하여 슬픈 기색을 띠고 근심하며 가니라"

재물은 위 예와 같이 자기 손에서 내놓기가 매우 어렵습니다. 본문에 나오는 청년은 사회적 지위와 경제적 부와 종교적 열심을 가진 모범적인 인물이었지만, 그는 선행으로 영생을 얻을 것이라는 잘못된 구원관과 적극적인 이웃 사랑이라는 계명의 핵심을 간과한 형식적인 율법관을 가지고 있었습니다. 그리하여 그는 결국 근심하며 돌아갔습니다.

다음 **요한복음 13장 34절** 말씀도 "서로 사랑하라" 하셨는데, 그

'사랑'의 구체적인 행동의 하나가 '재물'입니다.

〈요한복음 13:34〉
"새 계명을 너희에게 주노니 서로 사랑하라 내가 너희를 사랑한 것 같이 너희도 서로 사랑하라"

〈디모데전서 6:17〉
"(중략) **정함이 없는 재물에 소망을 두지 말고** (중략)"

위의 말씀이 얼마나 귀한 말씀인지 모르겠습니다.
다음 말씀도 참으로 귀한 말씀입니다.

〈잠언 23:4-5〉
"4 **부자 되기에 애쓰지 말고** 네 사사로운 지혜를 버릴지어다
5 네가 어찌 허무한 것에 주목하겠느냐 정녕히 재물은 스스로 날개를 내어 하늘을 나는 독수리처럼 날아가리라"

다음 말씀도 우리에게 올바른 삶의 선택에 대해 가르쳐 주고 있습니다.

〈잠언 22:1, 4〉
"1 많은 재물보다 명예를 택할 것이요 은이나 금보다 은총을 더욱 택할 것이니라
4 **겸손과 여호와를 경외함의 보상은 재물과 영광과 생명이니라**"

이때 '은총'이란 신약에서는 죄를 용서해 주시는 하나님의 사랑이

란 의미로 사용되기도 합니다.

　나눈다는 것은 말처럼 그렇게 쉬운 일은 아닙니다. 사실, 그리스도인의 진정한 복은 소유가 아니라 나눔에 있습니다. **왜냐하면, 많이 나누는 사람에게 하나님께서는 필요한 모든 것을 풍성하게 채워주시기 때문입니다.** 세상 사람들은 더 많이 가짐으로써 행복을 추구하지만, **우리 그리스도인들은 나누는 가운데 하나님께서 주시는 진정한 풍성함을 맛볼 수 있습니다.** 하나님께서 채워주시는 이 풍성함은 인간이 쌓는 것과는 비교할 수 없습니다.

　나눈다는 것은 남에게 준다기보다 **사실은 하나님께 드리는 것**입니다. 이는 하나님께 드리는 향기로운 예물과 같습니다.

　나누어야 할 것을 나누지 않고 움켜쥐고 있을 때, 욕심은 커지고 죄가 들어옵니다. 필요 이상의 것을 소유하는 것은 죄악입니다. 필요 이상의 것이 내게 주어졌다면, 그것은 남에게 베풀고 나누라고 주신 것임을 잊어서는 안 됩니다.

　다음 말씀도 잘 기억합시다.

　〈빌립보서 4:19〉
　"나의 하나님이 그리스도 예수 안에서 영광 가운데 그 풍성한 대로 너희 모든 쓸 것을 채우시리라"

〈고린도후서 8:14〉

"이제 **너희의 넉넉한 것으로 그들의 부족한 것을 보충함**은 후에 그들의 넉넉한 것으로 너희의 부족한 것을 보충하여 균등하게 하려 함이라"

〈고린도후서 9:5-11〉

"5 그러므로 내가 이 형제들로 먼저 너희에게 가서 너희가 전에 약속한 연보를 미리 준비하게 하도록 권면하는 것이 필요한 줄 생각하였노니 이렇게 준비하여야 참 연보답고 억지가 아니니라

6 이것이 곧 적게 심는 자는 적게 거두고 많이 심는 자는 많이 거둔다 하는 말이로다

7 각각 그 마음에 정한 대로 할 것이요 인색함으로나 억지로 하지 말지니 하나님은 즐겨 내는 자를 사랑하시느니라

8 하나님이 능히 모든 은혜를 너희에게 넘치게 하시나니 이는 너희로 모든 일에 항상 모든 것이 넉넉하여 모든 착한 일을 넘치게 하게 하려 하심이라

(중략)

10 심는 자에게 씨와 먹을 양식을 주시는 이가 너희 심을 것을 주사 풍성하게 하시고 너희 의의 열매를 더하게 하시리니

11 너희가 모든 일에 넉넉하여 너그럽게 연보를 함은 그들이 우리로 말미암아 하나님께 감사하게 하는 것이라"

이제 말씀을 마치렵니다. **재물 자체는 악이 아니라, 그것을 의지하는 사람이 어리석다는 것을 깨달아야 합니다.** 돈과 풍요는 사랑의 대상이 아니라, 사용의 대상입니다. 우리는 돈이든 음식이든 많

이 소유할 수는 있어도, 그것을 누리는 데는 한계가 있음을 잊지 말아야 합니다. **우리가 소유한 모든 것은 하나님의 선물입니다.** 하나님께 받은 것입니다. 그 받은 것을 함께 나누는 삶을 살 때, 우리는 참된 기쁨을 누릴 수 있습니다.

다음 말씀을 잘 기억합시다.

〈요한1서 2:15-16〉
"15 이 세상이나 **세상에 있는 것들을 사랑하지 말라** (중략)
16 이는 세상에 있는 모든 것이 육신의 정욕과 안목의 정욕과 이생의 자랑이니 다 아버지께로부터 온 것이 아니요 세상으로부터 온 것이라"

〈요한1서 3:16-18〉
"16 그가(예수가) 우리를 위하여 목숨을 버리셨으니 우리가 이로써 사랑을 알고 우리도 형제들을 위하여 목숨을 버리는 것이 마땅하니라
17 **누가 이 세상의 재물을 가지고 형제의 궁핍함을 보고도 도와 줄 마음을 닫으면 하나님의 사랑이 어찌 그 속에 거하겠느냐**
18 자녀들아 우리가 말과 혀로만 사랑하지 말고 행함과 진실함으로 하자"

말씀을 마치렵니다. 감사합니다.

15
고난

사랑하는 성도 여러분!

언제부터 예수님을 믿으셨습니까? 어떻게 해서 예수님을 믿게 되셨습니까? 교회에 처음 나오실 때, 어떤 생각을 하셨습니까? 무엇을 기대하셨습니까?

많은 분들이 예수님을 믿으면 모든 일이 잘 될 거라고 생각합니다. 맞습니다. 예수님을 믿으면 분명히 **잘 되지요. 잘 풀리지요. 복을 많이 받지요.** 그런데 그 복이란 것이 무엇이라고 생각하셨던가요? 그 큰 복이란 것이 '구원받고 하늘나라에 갈 수 있다'라는 사실을 처음부터 믿으셨던가요?

예수를 구주라 고백하는 우리는 주님께서 주시는 무한한 복을 누리며 살아갑니다. 하지만 그 무한한 복이 의미하는 것이 성도의 삶에 아파할 일, 슬퍼할 일이 생기지 않는다는 것이 아닙니다. 모든 인류가 경험하는 것처럼, 우리 그리스도인도 인생의 희로애락을 경험합니다. **아픔, 슬픔, 질병, 실패처럼 우리가 원하지 않는 일이 신실한 성도에게도 일어날 수 있습니다. 그리고 그 일은 일어납니다.**

예수님을 믿으면 반드시 고난이나 어려움이 따르리라는 생각은 안 하셨겠지요? 하지만 고난과 연단 없이 믿음이 자랄 수 없습니다. 다행히도, 고난과 연단은 감당할 만합니다. 믿지 않는 세상 사람들도 사회적으로 성공한 사람들은 연단과 시련을 잘 이겨낸 사람들입니다. 연단과 시련 없이 성공한 사람은 매우 드물다고 봐야 합니다.

그렇다면 우리 믿는 사람은 더 말할 필요가 없습니다. **고난과 시련과 연단 없이 믿음이 자랄 수 없습니다.** 성도는 믿음으로 인해 여러 가지 고난과 환난을 겪지만, 그것은 **오히려 믿음을 연단하고 성도의 인격을 온전하게 하는 과정입니다.** 그러므로 염려하지 말고, 시험에 대처해야 합니다. 이는 진리입니다. 하나님께서는 우리를 사랑하시기에 우리가 감당할 수 있는 연단과 시련을 허락하십니다.

다시 말씀드립니다. **연단과 시련 없이 우리 믿음이 자랄 수 없습니다.** 때때로 이유 없이 까닭 없이 비난과 모함을 받을 때가 우리 믿는 자에게 많습니다. 주님을 따르는 삶에는 고난이 따르게 되어 있습니다. 예수님께서도 모함과 비난을 얼마나 많이 받으셨는지 모릅니다. **그때 우리들은 직접 대응할 것이 아니라, 하나님 앞에 하늘 법정에 호소하는 것입니다. 기도해야 합니다.**

〈시편 69:4〉
"**까닭 없이 나를 미워하는 자가 나의 머리털보다 많고** 부당하게 나의 원수가 되어 나를 끊으려 하는 자가 강하였으니 내가 빼앗지 아니한 것도 물어 주게 되었나이다"

위는 다윗의 시인데, 다윗은 자신이 처한 답답한 상황을 하나님께 토로하며, 하나님께서 자신의 기도에 응답해 주실 것을 믿고 찬양을 맹세했습니다. **우리도 마찬가지로 어떤 상황에서도 기도해야 합니다.**

예수님께서도 이와 비슷한 말씀을 하신 곳이 있습니다.

〈요한복음 15:25〉
"그러나 이는 그들의 율법에 기록된 바 **그들이 이유 없이 나를 미워하였다** 한 말을 응하게 하려 함이라"

예수님의 원수들은 그의 은혜의 말씀과 사랑의 이적에도 불구하고, 이유 없이 예수님을 미워했습니다. 그러나 **하나님은 그들의 미움을 통해 구원 계획을 이루셨습니다.** 사람들의 미움은 결국 예수님을 십자가에 못 박아 구원을 이루는 중요한 역할을 했습니다.

때로 사회생활을 하다 보면 **많은 유혹에 직면할 때가 많습니다.** "눈 한번 질끈 감아봐"라고 유혹이 밀려오기도 하고, 때로는 불이익을 당하기도 합니다. 이런 자연스러운 어려움과 고난은 피할 수 없는 일입니다. 그러자니 그 집단에서 소외당하기도 하지요.

성도에게 로마의 생활 방식, 세상의 방식을 선택하고 타협하라는 유혹은 언제나 어느 시대에서나 되풀이됩니다.

하나님께서는 당신의 자녀들을 하나님 곁으로 이끄시기 위해 연단하시고 훈련시키십니다. 잠언 27장 21절 말씀처럼 "도가니로 은을, 풀무로 금을 … 단련하느니라" 하나님께서는 고난과 궁핍, 칭찬을 통해 우리를 훈련시키시며, 우리의 신앙이 정금과 같이 나오도록 고난의 길을 가게 하십니다.

고난은 기꺼이 받아야 할 일이지만, 쉬운 길도, 만만한 길도 아닐 때가 많습니다. 예수님께서도 "아버지여! 만일 할 만하시거든 이 잔을 내게서 지나가게 하옵소서"라고 땀방울이 핏방울이 되도록 기도하신 것을 기억하십시오. 이는 고난을 피할 수 없는 고통을 견뎌야 함을 의미합니다.

〈베드로전서 4:12-16〉
"12 사랑하는 자들아 너희를 연단하려고 오는 불 시험을 이상한 일 당하는 것 같이 이상히 여기지 말고

13 오히려 너희가 그리스도의 고난에 참여하는 것으로 즐거워하라 이는 그의 영광을 나타내실 때에 너희로 즐거워하고 기뻐하게 하려 함이라

14 너희가 **그리스도의 이름으로 치욕을 당하면 복 있는 자로다** 영광의 영 곧 하나님의 영이 너희 위에 계심이라

15 너희 중에 누구든지 살인이나 도둑질이나 악행이나 남의 일을 간섭하는 자로 고난을 받지 말려니와

16 만일 **그리스도인으로 고난을 받으면 부끄러워하지 말고** 도리어 그 이름으로 하나님께 영광을 돌리라"

하나님께서 고난을 허락하시는 것은 우리를 사랑하시기 때문입니다. 고난을 통하여 깨닫게도 하시고, 회개하게도 하십니다. 또한, 하나님께서 요청하시는 것이 무엇인지 깨닫게 하십니다. 영적 자각과 판단을 통해 **기도하게 하시는 것입니다.**

〈시편 38:21〉
"여호와여 나를 버리지 마소서 나의 하나님이여 나를 멀리하지 마소서"

기도하게 하십니다. 세상에서도 아버지가 아들이 어떤 어려움도 견디고 이기며 헤쳐나가는 모습을 보고 기뻐하며 흐뭇해하듯, 하나님께서도 우리가 고난을 잘 이겨내는 모습을 보시고 흐뭇해하시며 은혜를 베푸십니다.

우리들이 당하는 고난은 때때로 우리 자신의 죄악 때문일 수 있음을 알아야 합니다.

⟨이사야 64:5⟩
"주께서 기쁘게 공의를 행하는 자와 주의 길에서 **주를 기억하는 자를 선대하시거늘 우리가 범죄하므로** 주께서 진노하셨사오며 이 현상이 이미 오래 되었사오니 우리가 어찌 구원을 얻을 수 있으리이까"

⟨요한계시록 3:19⟩
"무릇 내가 사랑하는 자를 **책망하여 징계하노니** 그러므로 네가 열심을 내라 회개하라"

예수를 믿으면 모든 것이 잘 풀리고, 역경이나 고난이 없을 것이라고 생각하기 쉽습니다.

이스라엘 백성은 예수님이 '고난(십자가에 달림)'을 받기 위해 입성하실 때, 호산나를 외치며 예수님이 왕이 되어 그들을 잘 살게 해줄 것이라 기대했습니다. 그렇습니다. 예수를 믿으면 세상적인 복을 처음부터 받는 줄 알았습니다. 그러나 고난 없이는 우리가 복된 삶, 즉 예수를 믿는 복을 누릴 수 없습니다. **참 믿음은 "고난 없게 하소서"가 아닙니다.**

⟨빌립보서 1:29⟩
"그리스도를 위하여 너희에게 은혜를 주신 것은 다만 그를 믿을 뿐 아니라 또한 **그를 위하여 고난도 받게 하려 하심이라**"

하나님께서는 사랑하는 자녀들에게 징계와 징벌을 내리실 때도 있습니다. 징계와 징벌 없이는 우리가 깨닫지 못할 때가 너무 많기 때문입니다. 또한, **징계와 징벌 없이는 믿음이 자랄 수 없기 때문입니다.**

〈히브리서 12:5-8〉
"5 또 아들들에게 권하는 것 같이 너희에게 권면하신 말씀도 잊었도다 일렀으되 내 아들아 주의 징계하심을 경히 여기지 말며 그에게 꾸지람을 받을 때에 낙심하지 말라
6 **주께서 그 사랑하시는 자를 징계하시고** 그가 받아들이시는 아들마다 채찍질하심이라 하였으니
7 너희가 참음은 징계를 받기 위함이라 하나님이 아들과 같이 너희를 대우하시나니 **어찌 아버지가 징계하지 않는 아들이 있으리요**
8 징계는 다 받는 것이거늘 너희에게 없으면 사생자요 친아들이 아니니라"

〈잠언 3:11-12〉
"11 내 아들아 **여호와의 징계를 경히 여기지 말라** 그 꾸지람을 싫어하지 말라
12 대저 여호와께서 **그 사랑하시는 자를 징계하시기를** 마치 아비가 그 기뻐하는 아들을 징계함 같이 하시느니라"

창세기 39장부터 47장까지 읽어 보십시오. 소설같이 흥미진진합니다. 요셉에 관한 말씀입니다.

하나님께서는 **당신의 종 요셉을 오랫동안 훈련시키셨습니다.** 그 과정에서 인간적인 희망을 빼앗으시고, 또 다른 종류의 시간을 갖게 함으로써 그를 연단시키셨습니다. 성도는 이러한 시간을 통과함으로써 온전하고도 성숙된 신앙의 자리로 나아가게 됩니다.

〈베드로전서 5:9-10〉
"9 너희는 믿음을 굳건하게 하여 그를 대적하라 이는 세상에 있는 너희 형제들도 동일한 고난을 당하는 줄을 앎이라
10 모든 은혜의 하나님 곧 그리스도 안에서 너희를 부르사 자기의 영원한 영광에 들어가게 하신 이가 **잠깐 고난을 당한 너희를 친히 온전하게 하시며 굳건하게 하시며 강하게 하시며 터를 견고하게 하시리라**"

구약 성경을 보면, 하나님께서 **자기 백성을 징계하고 징벌하신 목적이 무엇인지** 분명히 알 수 있습니다. 그 목적은 그들이 연단을 받아 **회개하고 정결케 되어 하나님께로 돌아오게 하기 위함이었습니다.** 구약의 구체적인 말씀은 여기서 다루지 않겠습니다.

현재의 고난과 환난은 때로 장차 범할 죄를 방지하는 역할을 합니다. 때로는 하나님께서는 그분의 큰 그릇으로 쓰시기 위해 고난과 연단을 허락하십니다.

〈예레미야 2:17-20〉
"17 네 하나님 여호와가 너를 길로 인도할 때에 네가 그를 떠남으로 이를 자취함이 아니냐

(중략)
19 **네 악**이 너를 징계하겠고 **네 반역**이 너를 책망할 것이라 그런즉 **네 하나님 여호와를 버림과 네 속에 나를 경외함이 없는 것이 악이요 고통인 줄 알라** 주 만군의 여호와의 말씀이니라
20 네가 옛적부터 네 멍에를 꺾고 네 결박을 끊으며 말하기를 나는 순종하지 아니하리라 하고 모든 높은 산 위에서와 모든 푸른 나무 아래에서 너는 몸을 굽혀 행음하도다"

우리 믿는 자들은 하나님을 대적하는 이 세상에서 고난을 받을 각오를 해야 합니다. 자신을 부인하고 십자가를 지는 것이 바로 하나님 나라에 이르는 길입니다.

다음 사도행전 14장 22절을 보십시오.

〈사도행전 14:22〉
"제자들의 마음을 굳게 하여 이 믿음에 머물러 있으라 권하고 또 **우리가 하나님의 나라에 들어가려면 많은 환난을 겪어야 할 것이라 하고**"

〈욥기 23:10〉
"그러나 내가 가는 길을 그가 아시나니 **그가 나를 단련하신 후에는 내가 순금 같이 되어 나오리라**"

〈고린도후서 1:8-9〉
"8 형제들아 우리가 아시아에서 당한 환난을 너희가 모르기를 원하지 아니하노니 힘에 겹도록 심한 고난을 당하여 살 소망까지 끊어지고

9 우리는 우리 자신이 사형 선고를 받은 줄 알았으니 이는 우리로 자기를 의지하지 말고 **오직 죽은 자를 다시 살리시는 하나님만 의지하게 하심이라**"

〈전도서 7:14〉
"**형통한 날에는 기뻐하고 곤고한 날에는 되돌아 보아라** 이 두 가지를 하나님이 병행하게 하사 사람이 그의 장래 일을 능히 헤아려 알지 못하게 하셨느니라"

고난은 우리를 온전하게도 순종하게도 만듭니다.

〈히브리서 5:8-10〉
"8 그가 아들이시면서도 받으신 고난으로 순종함을 배워서
9 온전하게 되셨은즉 자기에게 순종하는 모든 자에게 영원한 구원의 근원이 되시고
10 하나님께 멜기세덱의 반차를 따른 대제사장이라 칭하심을 받으셨느니라"

〈시편 119:67, 71〉
"67 고난 당하기 전에는 내가 그릇 행하였더니 이제는 주의 말씀을 지키나이다
71 **고난 당한 것이 내게 유익이라** 이로 말미암아 내가 주의 율례들을 배우게 되었나이다"

〈야고보서 1:2-4〉
"2 내 형제들아 너희가 여러 가지 **시험을 당하거든 온전히 기쁘게 여기**

라

3 이는 너희 믿음의 시련이 인내를 만들어 내는 줄 너희가 앎이라

4 **인내를 온전히 이루라** 이는 너희로 온전하고 구비하여 **조금도 부족함이 없게 하려 함이라**"

고난을 통하여 복음이 전파되기도 하고, 교회가 세워지기도 합니다.

최초의 이방 교회인 안디옥 교회도 고난을 통해 세워졌습니다. 이 교회는 바울이나 베드로 같은 사도들의 활동 없이, **예루살렘 박해 (사도행전 8:1)를 피하여 흩어진 무명의 그리스도인들에 의해 세워졌습니다.** 초기에는 유대인들에게만 복음을 전하다가 점차 헬라인들에게도 복음을 전하여 큰 결실을 얻게 되었습니다. 그 결과 안디옥 교회가 이방 선교의 중심지로 세워지게 된 것입니다.

〈사도행전 8:1, 4-6〉
"1 (중략) 그 날에 예루살렘에 있는 교회에 큰 박해가 있어 사도 외에는 다 유대와 사마리아 모든 땅으로 흩어지니라

4 그 흩어진 사람들이 두루 다니며 복음의 말씀을 전할새

5 빌립이 사마리아 성에 내려가 그리스도를 백성에게 전파하니

6 무리가 빌립의 말도 듣고 행하는 표적도 보고 한마음으로 그가 하는 말을 따르더라"

고난도 하나님의 은혜입니다. 고난을 당할 때, 더욱 하나님께 의

지하게 됩니다. 고린도후서에서 바울은 아시아에서 겪은 환난을 구체적으로 언급합니다. 그러나 바울이 환난을 언급하는 목적은 자신이 겪은 고난을 과시하려는 것이 아닙니다. **그는 오히려 그 고난을 통해 하나님께서 주신 은혜를 드러내고자 했습니다. 또한 그러한 하나님을 의지하라고 권면하고 있습니다.**

〈고린도후서 1:8-9〉
"8 형제들아 우리가 아시아에서 당한 환난을 너희가 모르기를 원하지 아니하노니 힘에 겹도록 심한 고난을 당하여 살 소망까지 끊어지고
9 우리는 우리 자신이 사형 선고를 받은 줄 알았으니 **이는 우리로 자기를 의지하지 말고 오직 죽은 자를 다시 살리시는 하나님만 의지하게 하심이라**"

성도들에게 가장 어려운 질문은 종종 "왜 때론 감당하기 어려운 고통을 허락하시는가"입니다. 그 답은 바로 '성도들을 강하게 하시기 위함'입니다. 잠시 우리에게 주어졌던 따뜻한 햇살을 거두어 가실 때, 우리가 얼마나 추위를 견딜 수 있는지 확인되기 때문입니다.

군복을 멋지게 차려입었다고 해서 군인이 되는 것은 아닙니다. 군인이 되기 위해서는 행군할 체력을 키워야 하고, 총을 쏠 줄 알아야 하며, 총알이 날아다니는 전쟁터에서 도망가지 않을 담대함도 가져야 합니다. 부상을 당하면 응급조치를 할 수 있어야 하며, 이러한 훈련을 반복하며 군인으로서의 자질을 갖추게 됩니다.

이처럼 군인을 군인답게 만드는 것이 힘들고 어려운 훈련이라면, **성도를 성도답게 만드는 것 중 하나는 바로 고통과 환난입니다.** 고난 속에서 영광이 있으며, 고난을 견디며 성숙한 믿음이 자라나고 좋은 열매를 맺게 됩니다. 고난은 결국 인내와 기다림을 배우게 하는 중요한 과정입니다.

〈야고보서 5:7, 8, 11〉
"7 그러므로 형제들아 주께서 강림하시기까지 길이 참으라 **보라 농부가 땅에서 나는 귀한 열매를 바라고 길이 참아 이른 비와 늦은 비를 기다리나니**
8 너희도 길이 참고 마음을 굳건하게 하라 주의 강림이 가까우니라
11 보라 **인내하는 자를 우리가 복되다 하나니** 너희가 욥의 인내를 들었고 주께서 주신 결말을 보았거니와 주는 가장 자비하시고 긍휼히 여기시는 이시니라"

환난이 인내를, 인내가 연단을, 연단이 소망을 이루어냅니다.

〈로마서 5:3-5〉
"3 다만 이뿐 아니라 우리가 환난 중에도 즐거워하나니 이는 **환난은 인내를,**
4 **인내는 연단을, 연단은 소망을** 이루는 줄 앎이로다
5 소망이 우리를 부끄럽게 하지 아니함은 우리에게 주신 성령으로 말미암아 하나님의 사랑이 우리 마음에 부은 바 됨이니"

〈시편 119:71〉

"**고난 당한 것이 내게 유익이라** 이로 말미암아 내가 주의 율례들을 배우게 되었나이다"

〈이사야 26:17〉
"여호와여 잉태한 여인이 산기가 임박하여 산고를 겪으며 부르짖음 같이 우리가 주 앞에서 그와 같으니이다"

고난에 관한 성경 말씀을 더 보겠습니다.

〈로마서 8:18〉
"생각하건대 현재의 고난은 장차 우리에게 나타날 영광과 비교할 수 없도다"

〈베드로전서 5:10〉
"모든 은혜의 하나님 곧 그리스도 안에서 너희를 부르사 자기의 영원한 영광에 들어가게 하신 이가 잠깐 고난을 당한 너희를 친히 온전하게 하시며 굳건하게 하시며 강하게 하시며 터를 견고하게 하시리라"

〈욥기 5:17-19〉
"17 볼지어다 하나님께 징계 받는 자에게는 복이 있나니 그런즉 너는 전능자의 징계를 업신여기지 말지니라
18 하나님은 아프게 하시다가 싸매시며 상하게 하시다가 그의 손으로 고치시나니
19 여섯 가지 환난에서 너를 구원하시며 일곱 가지 환난이라도 그 재앙이 네게 미치지 않게 하시며"

〈요한복음 14:1〉

"너희는 마음에 근심하지 말라 하나님을 믿으니 또 나를 믿으라"

〈로마서 8:28〉

"우리가 알거니와 하나님을 사랑하는 자 곧 그의 뜻대로 부르심을 입은 자들에게는 **모든 것이 합력하여 선을 이루느니라**"

그런데 **'고난'이 왜 오는지 알 수 없을 때가 많습니다.** 전도서에 이런 말씀이 있습니다.

〈전도서 3:1-2, 11〉

"1 **범사에 기한이 있고 천하 만사가 다 때가 있나니**

2 날 때가 있고 죽을 때가 있으며 심을 때가 있고 심은 것을 뽑을 때가 있으며

11 (중략) 그러나 **하나님이 하시는 일의 시종을 사람으로 측량할 수 없게 하셨도다**"

말씀을 맺겠습니다. **고난은 결코 쉽지 않은 길이지만, 그것은 우리를 하나님께로 이끄는 길입니다.** 예수님께서 가장 뛰어난 이름을 하나님께로부터 받으신 길입니다.

사랑하는 성도 여러분, **삶의 고난 앞에, 유혹 앞에 믿음의 합당한 선택을 하시어**, 욥과 예수님처럼 하나님께 영광을 돌리는 주님의 자녀가 되시기를 바랍니다.

감사합니다.

16
순종은 제사보다 낫다

우리는 가끔 내가 똑똑해서, 의지가 강해서, 규칙을 잘 지켜서, 아니 믿음이 좋아서 잘 살아가고 있다고, 잘 지내고 있다고 착각할 때가 있습니다. 그것이 얼마나 큰 '**교만**'한 생각인 줄도 모르고 말입니다.

우리 신앙인들도 처음 교회에 나올 때, 하나님 말씀대로, 성경에 나오는 대로 살아가는 것이 옳고 맞다고 막연히 생각하며 살아왔을 것입니다. 아니, 의도적으로 생각하기 전에도, 마음속 깊이 자리 잡고 무의식적으로 그렇게 살아왔을지도 모릅니다. 심지어 **믿지 않는 사람들조차 하나님 말씀대로 살면 분명히 잘 살아갈 수 있을 거라고 생각할 것입니다.**

사랑하는 성도 여러분이여! 실은 우리 믿는 사람들이 하나님 말씀대로 살아가기가 얼마나 힘든지 믿을수록 느껴지시지요. '순종해야겠다'고 생각은 분명히 하는데, 행동이 따르지 않을 때가 대부분이지요.

가장 기본적인 '**주일 성수**'는 잘 지키십니까? 온전한 '**십일조**'도 **드리고 계십니까**? 그래도 이 두 가지는 웬만한 신앙인은 잘 지키지요.

그러면 하나님 말씀에 순종하면서 사는 것이 얼마나 큰 복인지, 성경에서 하나님께서 "네가 나 여호와 말씀에 순종하면, 너의 가는 길을 축복하겠다"라는 말씀을 얼마나 많이 하셨는지, 그리고 예수님의 향기를 드러내는 삶이 얼마나 복된 것인지 성경 말씀을 찾아보겠습니다.

〈신명기 28:1-15〉
"**1 네가 네 하나님 여호와의 말씀을 삼가 듣고 내가 오늘 네게 명령하는 그의 모든 명령을 지켜 행하면 네 하나님 여호와께서 너를 세계 모든 민족 위에 뛰어나게 하실 것이라**
2 네가 네 하나님 여호와의 말씀을 청종하면 이 모든 복이 네게 임하며 네게 이르리니
3 성읍에서도 복을 받고 들에서도 복을 받을 것이며
4 네 몸의 자녀와 네 토지의 소산과 네 짐승의 새끼와 소와 양의 새끼가 복을 받을 것이며

5 네 광주리와 떡 반죽 그릇이 복을 받을 것이며
6 네가 들어와도 복을 받고 나가도 복을 받을 것이니라
(중략)
14 내가 오늘 너희에게 명령하는 그 말씀을 떠나 좌로나 우로나 치우치지 아니하고 **다른 신을 따라 섬기지 아니하면 이와 같으리라**
15 네가 만일 네 하나님 여호와의 말씀을 순종하지 아니하여 내가 오늘 네게 명령하는 그의 모든 명령과 규례를 지켜 행하지 아니하면 **이 모든 저주가 네게 임하며 네게 이를 것이니**"

위 14절의 '다른 신'은 단지 돌이나 나무 같은 우상만을 의미하는 것이 아니라, 물질, 명예, 권력, 심지어 자녀와 같은 세상의 헛된 것들까지도 의미한다는 것쯤은 다 아시지요. 우리가 얼마나 자주 이 세상의 것들에 관심을 가지는지, 얼마나 마음을 빼앗기고 그것에 의지하며 그것들을 우리 삶의 중심으로 두는지 돌아봐야 할 때입니다. 이러한 것들로부터 **'자유로와'**질 수 있다면…

위 **신명기 28장 15부터 68절까지는 불순종할 때 받는 저주에 대하여 말씀하십니다.** 다시 15절 말씀만 읽어 보겠습니다.

〈신명기 28:15〉
"네가 만일 네 하나님 여호와의 말씀을 순종하지 아니하여 내가 오늘 네게 명령하는 **그의 명령과 규례를 지켜 행하지 아니하면 이 모든 저주가 네게 임하여 네게 이를 것이니**"

'불순종하여 받는 저주'가 68절까지 계속됩니다.

레위기 26장에도 '상과 벌'에 관한 말씀이 있습니다. 그 중에서 몇 군데만 소개하겠습니다.

〈레위기 26:3-4, 12-15〉
"3 너희가 내 규례와 계명을 준행하면
4 내가 너희에게 철따라 비를 주리니 땅은 그 산물을 내고 밭의 나무는 열매를 맺으리라
12 나는 너희 중에 행하여 **너희의 하나님이 되고 너희는 내 백성이 될 것이니라**
(중략)
14 그러나 너희가 내게 청종하지 아니하여 이 모든 명령을 준행하지 아니하며
15 내 규례를 멸시하며 마음에 내 법도를 싫어하여 내 모든 계명을 준행하지 아니하며 내 언약을 배반할진대"

신명기 7장 12절에서도 말씀하십니다.

〈신명기 7:12〉
"너희가 이 모든 법도를 듣고 지켜 행하면 네 하나님 여호와께서 네 조상들에게 맹세하신 언약을 지켜 네게 인애를 베푸실 것이라"

〈창세기 22:1-12〉
"1 그 일 후에 하나님이 **아브라함을 시험하시려고** 그를 부르시되 아브라

함아 하시니 그가 이르되 내가 여기 있나이다

2 여호와께서 이르시되 네 아들 **네 사랑하는 독자 이삭을 데리고 모리아 땅으로 가서** 내가 네게 일러 준 한 산 거기서 **그를 번제로 드리라**

(중략)

7 이삭이 그 아버지 아브라함에게 말하여 이르되 내 아버지여 하니 그가 이르되 내 아들아 내가 여기 있노라 이삭이 이르되 불과 나무는 있거니와 **번제할 어린 양은 어디 있나이까**

8 아브라함이 이르되 **내 아들아 번제할 어린 양은 하나님이 자기를 위하여 친히 준비하시리라** 하고 두 사람이 함께 나아가서

(중략)

12 사자가 이르시되 그 아이에게 네 손을 대지 말라 그에게 아무 일도 하지 말라 네가 네 아들 네 독자까지도 **내게 아끼지 아니하였으니 내가 이제야 네가 하나님을 경외하는 줄을 아노라**"

신앙인의 가장 아름다운 모습은 '순종의 삶'임은 누가 모르겠습니까. 사무엘상 15장 22절을 보시겠습니다.

〈사무엘상 15:22〉
"사무엘이 이르되 여호와께서 번제와 다른 제사를 그의 목소리를 청종하는 것을 좋아하심 같이 좋아하시겠나이까 **순종이 제사보다 낫고 듣는 것이 숫양의 기름보다 나으니**"

우리는 다음 고린도전서 15장 10절의 사도 바울의 말씀을 기억하고, **모든 것이 하나님의 은혜라고 고백하며 살아가야 합니다.**

⟨고린도전서 15:10⟩
"그러나 **내가 나 된 것은 하나님의 은혜로 된 것이니** 내게 주신 그의 은혜가 헛되지 아니하여 내가 모든 사도보다 더 많이 수고하였으나 내가 한 것이 아니요 **오직 나와 함께 하신 하나님의 은혜로라**"

여러분은 '순종'의 반대말은 무엇이라고 생각하십니까. '불순종'이지요. **불순종의 근본적인 원인은 '교만한 생각'입니다.** 구약 성경에는 이스라엘 민족이 교만하여 하나님의 뜻을 거스르고 망한 사건들이 얼마나 많이 나오는지 모릅니다. 그중의 한 가지 예를 보겠습니다.

⟨이사야 28:1-4⟩
"1 에브라임의 술취한 자들의 **교만한 면류관은 화 있을진저** 술에 빠진 자의 성 곧 영화로운 관 같이 기름진 골짜기 꼭대기에 세운 성이여 쇠잔해 가는 꽃 같으니 화 있을진저
2 보라 주께 있는 강하고 힘 있는 자가 쏟아지는 우박 같이, 파괴하는 광풍 같이, 큰 물이 넘침 같이 손으로 그 면류관을 땅에 던지리니
3 에브라임의 술취한 자들의 **교만한 면류관이 발에 밟힐 것이라**
4 그 기름진 골짜기 꼭대기에 있는 그의 영화가 쇠잔해 가는 꽃이 여름 전에 처음 익은 무화과와 같으리니 보는 자가 그것을 보고 얼른 따서 먹으리로다"

'겸손한 자'에게는 복이 있다고 말씀하십니다.

⟨이사야 29:19⟩

"겸손한 자에게 여호와로 말미암아 기쁨이 더하겠고 사람 중 가난한 자가 이스라엘의 거룩하신 이로 말미암아 즐거워하리니"

억지로라도 **하나님의 말씀에 순종하는 것이 복입니다.** 예수님께서 십자가를 지시고 골고다 언덕에 올라가실 때, 로마 군병들이 **구레네 시몬을 억지로 끌어다가 예수님의 십자가를 대신 지게 했습니다.** 그 장면이 성경에 세 군데나 기록되어 있습니다. 로마서 16장 13절을 보면 그 후 그 후손들이 얼마나 복되게 살아가고 있는지 나와 있습니다.

〈누가복음 23:26〉
"그들이 예수를 끌고 갈 때에 시몬이라는 구레네 사람이 시골에서 오는 것을 붙들어 **그에게 십자가를 지워 예수를 따르게 하더라**"

〈마가복음 15:21〉
"마침 알렉산더와 루포의 아버지인 **구레네 사람 시몬이 시골로부터 와서 지나가는데** 그들이 그를 억지로 같이 가게 하여 **예수의 십자가를 지우고**"

구레네 시몬은 짧은 시간이었지만, 억지로 십자가를 지고 갔지만, 아마 '마음의 평안'을 느끼고, 아니 '희열'을 느끼고 갔을 것입니다. 주님을 발견했을 것입니다.

옛날 어느 황제가 한 청년에게 효자상을 주었습니다. 이 소식을 들은 이웃 마을의 다른 청년은 자신도 '효자상'을 받고 싶어 억지로 부모에게 효성을 다하기 시작했습니다. 그러자 마을 사람들이 황제에게 간청하며, 그 청년이 억지로 효도를 했으니 상을 주지 말아야 한다고 하였으나, 황제는 그 청년이 비록 억지로라도 효도를 했으니 그 모습이 얼마나 갸륵하냐며 상을 주었답니다. 그 후, 그 청년은 계속해서 효도를 하였고, 나중에는 기쁨 속에서 효도를 했다고 합니다. 예! 그렇습니다. **억지로라도 하나님 말씀대로 살다 보면...**

열왕기하 5장에도 **억지라도 순복한 사람이 얼마나 큰 복을 받았는지 나옵니다.** 엘리사가 아람 왕의 군대 장관인 나아만의 나병을 치유해 준 사건에 대한 이야기입니다. 나아만이 친히 엘리사를 찾아와 **신복들의 권고대로 순복해 나병이 나았다**는 예수님의 말씀이 누가복음 4장 27절에 나옵니다.

〈누가복음 4:27〉
"또 선지자 엘리사 때에 이스라엘에 많은 나병환자가 있었으되 그 중의 한 사람도 깨끗함을 얻지 못하고 **오직 수리아 사람 나아만뿐이었느니라**"

역대상 14장이나 사무엘하 6장을 보면, 하나님께서 그냥 복을 주신 사건이 나옵니다. 다윗은 자신의 왕권과 이스라엘의 존재 이유가 하나님께 있음을 알았기 때문에 왕위에 오른 후 여호와의 임재를 상징하는 언약궤를 예루살렘으로 옮기는 일을 추진했습니다. 첫 번째 시도는 실패했지만, 그 후에는 레위인들이 어깨에 메고 운반함으로써 예루살렘으로 옮길 수 있었습니다.

〈역대상 13:9-14〉
"9 기돈의 타작 마당에 이르러서는 소들이 뛰므로 웃사가 손을 펴서 궤를 붙들었더니
10 웃사가 손을 펴서 궤를 붙듦으로 말미암아 여호와께서 진노하사 치시매 그가 거기 하나님 앞에서 죽으니라
11 여호와께서 웃사의 몸을 찢으셨으므로 다윗이 노하여 그 곳을 베레스 웃사라 부르니 그 이름이 오늘까지 이르니라
12 그 날에 다윗이 하나님을 두려워하여 이르되 내가 어떻게 하나님의 궤를 내 곳으로 오게 하리요 하고
13 다윗이 궤를 옮겨 자기가 있는 다윗 성으로 메어들이지 못하고 그 대신 가드 사람 오벧에돔의 집으로 메어가니라
14 **하나님의 궤가 오벧에돔의 집에서 그의 가족과 함께 석 달을 있으니라 여호와께서 오벧에돔의 집과 그의 모든 소유에 복을 내리셨더라**"

〈사무엘하 6:10-11〉
"10 다윗이 여호와의 궤를 옮겨 다윗 성 자기에게로 메어 가기를 즐겨하지 아니하고 가드 사람 오벧에돔의 집으로 메어 간지라
11 여호와의 궤가 가드 사람 오벧에돔의 집에 석 달을 있었는데 **여호와께서 오벧에돔과 그의 온 집에 복을 주시니라**"

웃사의 행동은 인간적인 입장에서 언뜻 보면 당연하게 여겨질 수 있습니다. 그러나 법궤를 메는 일은 레위 족속(선택된 신도)만 해야 했습니다. 법궤는 반드시 어깨에 메고 산을 오르고 강을 건너야 하는데, 수레에 싣고 간 것은 그 자체로 잘못된 일이었습니다. 마치

다른 사람에게 맡긴 것과 다름없습니다. **성도는 자신에게 맡겨진 사명을 충실히 이행해야 합니다.**

그 와중에 법궤는 오벧에돔의 집에 머물게 되었고, 그 집은 상상할 수 없을 정도로 큰 복을 받았습니다. **이처럼 억지로라도 하나님의 일을 할 때, 하나님께서는 그에게 복을 주신다**는 교훈을 얻을 수 있습니다.

우리는 처음에는 억지로라도 하나님께 순종하려고 해야 합니다. 제 직장에 신 선생님이라는 분이 계셨습니다. 그분은 첫 며느리를 봤을 때, 아들이 대학 강사로 생활이 넉넉지 못했었는데, 시아버지인 자신이 며느리에게 돈을 주어 가족들, 즉 시누이와 시동생의 생일을 챙기도록 했습니다. 그렇게 억지로라도 하는 습관을 길러주기 위해 그렇게 했다고 말씀하셨습니다.

그렇습니다. 하나님 말씀에 처음에는 억지로라도 순종해야 합니다. 그러면 '순종하라, 명령을 지키라'고 말씀하신 부분을 몇 군데 더 살펴보겠습니다.

〈잠언 7:1-3〉
"1 내 아들아 **내 말을 지키며 내 계명을 간직하라**
2 내 계명을 지켜 살며 내 법을 네 눈동자처럼 지키라
3 이것을 네 손가락에 매며 이것을 네 마음판에 새기라"

그렇습니다. 제아무리 미약한 사람일지라도 하나님의 손에 붙잡히기만 하면, 하나님의 큰 일꾼으로 사용될 수 있습니다. 하나님께서는 그 사람이 순종할 사람임을 이미 알고 계시기 때문에 택하여 쓰십니다. '순종은 제사보다 낫다'는 말씀을 다시 묵상하십시다.

〈신명기 11:1-27〉
"1 그런즉 네 하나님 여호와를 사랑하여 그가 주신 책무와 법도와 규례와 명령을 항상 지키라
(중략)
8 그러므로 너희는 내가 **오늘 너희에게 명하는 모든 명령을 지키라 그리하면** 너희가 강성할 것이요 너희가 건너가 차지할 땅에 들어가서 그것을 차지할 것이며
(중략)
13 내가 오늘 너희에게 명하는 내 명령을 너희가 만일 **청종하고** 너희의 하나님 여호와를 **사랑하여** 마음을 **다하고** 뜻을 다하여 **섬기면**
22 너희가 만일 내가 너희에게 **명하는 이 모든 명령을 잘 지켜 행하여** 너희의 하나님 여호와를 사랑하고 그의 모든 도를 행하여 그에게 의지하면
27 너희가 만일 내가 오늘 너희에게 명하는 너희의 하나님 **여호와의 명령을 들으면 복이 될 것이요**"

여호와를 경외하라

〈잠언 9:10〉
"여호와를 경외하는 것이 지혜의 근본이요 거룩하신 자를 아는 것이 명철이니라"

귀를 기울이라

〈이사야 55:3〉
"너희는 **귀를 기울이고** 내게로 **나아와 들으라** 그리하면 너희의 영혼이 살리라 내가 너희를 위하여 영원한 언약을 맺으리니 곧 다윗에게 허락한 확실한 은혜이니라"

〈사도행전 28:26〉
"일렀으되(이사야 6:9) 이 백성에게 가서 말하기를 **너희가 듣기는 들어도 도무지 깨닫지 못하며 보기는 보아도 도무지 알지 못하는도다**"

글을 마치렵니다. 우리 성도들은 각기 다른 사명을 받은 자들입니다. 특히 하나님께서는 사역자들을, 하나님의 사명을 받은 자들을 어떤 처지와 환경 속에서도, 심지어 사망의 음침한 골짜기 가운데서도 보호하시는 분이십니다. 기적과 같은 사건과 지혜를 주셔서 하나님께서 원하시는 방향으로 인도하시고 사용하십니다. 큰 사명을 맡은 목사님들에게도 베푸시지만, 우리 성도들에게도 때로는 잘 인식되지 않거나 잘 느껴지지 않을지라도, 그때그때 신호를 보내시고 보호하십니다. 그러나 우리가 깨닫지 못할 때가 너무 많고, 심지어 깨닫더라도 실행하지 못할 때가 많습니다. 그 신호에 순종해야 합니다. 감사합니다.

제5장
택함 받은 자, 복을 누리다

"여호와여 주께서 나를 살펴 보셨으므로 나를 아시나이다
주께서 내가 앉고 일어섬을 아시고 멀리서도
나의 생각을 밝히 아시오며
나의 모든 길과 내가 눕는 것을 살펴 보셨으므로
나의 모든 행위를 익히 아시오니
여호와여 내 혀의 말을 알지 못하시는 것이 하나도 없으시니이다"

시편 139:1-4

17	우리는 다 선택된 자들이다
18	중심으로 교회를 섬겨라
19	복 받은 이의 삶

17
우리는 다 선택된 자들이다

우리들은 흔히 내가 내 '의지'로 하나님을 믿었다고 생각합니다. 맞는 말이죠. **하지만 하나님께서 우리들을 택하시고 부르시지 않았다면**, 우리들은 결코 믿을 수 없는 자들입니다. 또한, **성령님의 도우심이 없으면** 하나님의 자녀로 살아가는 것은 불가능합니다.

성경에 등장하는 많은 인물들을 떠올려 보세요. 그 중에서도 바울은 가장 대표적인 인물입니다. 바울은 한때 얼마나 많은 믿는 자들을 핍박하고 힘들게 했는지 모릅니다. 하지만 **하나님께서 그를 선택하시고, 큰 그릇으로, 사도로 사용하셨습니다**. 그 결과 바울은 신약 성경에서 가장 뛰어난 인물 중 하나로 기억되고 있습니다. 하나님의 절대적인 주권과 부르심에 따라, 바울은 그 큰 사명을 훌륭히 감당한 것이지요. 사울(바울)의 회심은 기독교 역사에서 매우 중요한 의미를 지닙니다.

우리들도 마찬가지입니다. 하나님께서 택하시고 부르셔서 하나님의 자녀로 삼으신 것이죠. 그렇기에 선택받은 우리는 어떤 상황이나 환경 속에서도 하나님을 잘 믿고, 말씀에 순종하며 살아가야 합니다. 하나님께서 원하시는 삶을 사는 것이 우리의 책임이자 기쁨입니다. "나는 하나님의 선택받은 자녀"라는 자부심을 가지고 살아가야 합니다.

그러니 **하나님께서 자녀답게 살아가도록 훈련하실 때, 감사하는 마음으로 연단과 시련을 이겨내야 합니다.** 하나님께서 원하시고 바라시는 삶을 살아가는 것이 중요하지요. **말씀에 순종하며, 주일도 성실히 지키고, 기도로 하나님의 뜻을 구하며, 맡겨진 사명이 무엇이든 잘 감당해야 합니다.**

선택된 우리에게 거듭 말씀드리지만, 연단과 시련은 반드시 찾아옵니다. 우리의 몸은 '성령'이 거하시는 성전입니다. 시편 40편 1절에 "내가 여호와를 기다리고 기다렸더니 귀를 기울이사 나의 부르짖음을 들으셨도다"라고 하셨습니다. 참으로 귀한 말씀이지요. 그러니 우리도 연단과 시련이 올 때, 기도로 하나님의 인도하심을 구하며 그분의 뜻을 기다려야 합니다.

다음 성경 말씀을 보십시다.

〈요한복음 15:16〉

"**너희가 나를 택한 것이 아니요 내가 너희를 택하여 세웠나니** 이는 너희로 가서 열매를 맺게 하고 또 너희 열매가 항상 있게 하여 **내 이름으로 아버지께 무엇을 구하든지 다 받게 하려 함이라**"

에베소서 1장에도 하나님이 우리를 '어떻게 택하셨는지'가 나옵니다.

〈에베소서 1:5〉

"그 기쁘신 뜻대로 우리를 예정하사 **예수 그리스도로 말미암아 자기의 아들들이 되게 하셨으니**"

우리들은 모든 것을 다 알 수는 없습니다. 하지만 중요한 것은 하나님께서 '그 기쁘신 뜻대로' 우리를 택하셨다는 사실입니다. 하나님께서 우리를 택하신 것은 그분이 '기뻐서', '좋아서', 그리고 하고 싶으셨기 때문입니다.

〈사도행전 22:14, 21〉

"14 그가 또 이르되 우리 조상들의 **하나님이 너를 택하여 너로 하여금 자기 뜻을 알게 하시며** 그 의인을 보게 하시고 그 입에서 나오는 음성을 듣게 하셨으니
21 나더러 또 이르시되 떠나가라 내가 너를 멀리 이방인에게로 보내리라 하셨느니라"

여러분은 언제부터 하나님을 믿기 시작하셨나요? 아마 믿게 된 계

기나 동기가 있으셨겠지요. 하지만 사실, **그 모든 과정은 하나님께서 우리를 선택하셨기 때문에 가능한 것이었습니다.**

〈요한복음 6:44〉
"**나를 보내신 아버지께서 이끌지 아니하시면** 아무도 내게 올 수 없으니 오는 그를 내가 마지막 날에 다시 살리리라"

예수께서 열두 제자(사도)를 택하시고, 그들에게 특별한 사명을 맡기신 말씀을 함께 살펴보겠습니다.

〈마태복음 10:1-14〉
"**1 예수께서 그의 열두 제자를 부르사** 더러운 귀신을 쫓아내며 모든 병과 모든 약한 것을 고치는 권능을 주시니라
2 열두 사도의 이름은 이러하니 베드로라 하는 시몬을 비롯하여 (중략)
5 예수께서 이 열둘을 내보내시며 명하여 이르시되 이방인의 길로도 가지 말고 사마리아인의 고을에도 들어가지 말고
6 오히려 이스라엘 집의 잃어버린 양에게로 가라
7 가면서 **전파하여 말하되 천국이 가까이 왔다** 하고
8 병든 자를 고치며 죽은 자를 살리며 나병환자를 깨끗하게 하며 귀신을 쫓아내되 너희가 거저 받았으니 거저 주라
9 너희 전대에 금이나 은이나 동을 가지지 말고
10 여행을 위하여 배낭이나 두 벌 옷이나 신이나 지팡이를 가지지 말라 이는 일꾼이 자기의 먹을 것 받는 것이 마땅함이라
11 어떤 성이나 마을에 들어가든지 그 중에 합당한 자를 찾아내어 너희가 떠나기까지 거기서 머물라

12 또 그 집에 들어가면서 평안하기를 빌라
13 그 집이 이에 합당하면 너희 빈 평안이 거기 임할 것이요 만일 합당하지 아니하면 그 평안이 너희에게 돌아올 것이니라
14 누구든지 너희를 영접하지도 아니하고 너희 말을 듣지도 아니하거든 그 집이나 성에서 나가 너희 발의 먼지를 떨어 버리라"

열두 사도만 선택되어 사명을 받은 것이 아닙니다. **우리도 하나님께서 선택하신 자들입니다. 그러므로 우리는 복음 전파에 온전히 힘써야 합니다.**

다음 성경을 보십시오.

〈고린도전서 1:23-28〉
"23 우리는 **십자가에 못 박힌 그리스도를 전하니** 유대인에게는 거리끼는 것이요 이방인에게는 미련한 것이로되
24 **오직 부르심을 받은 자들에게는** 유대인이나 헬라인이나 그리스도는 **하나님의 능력이요 하나님의 지혜니라**
(중략)
27 그러나 하나님께서 **세상의 미련한 것들을 택하사 지혜 있는 자들을 부끄럽게 하려** 하시고 세상의 약한 것들을 택하사 강한 것들을 부끄럽게 하려 하시며
28 하나님께서 세상의 천한 것들과 멸시 받는 것들과 없는 것들을 택하사 있는 것들을 폐하려 하시나니"

십자가의 진리를 깨닫기 전에는 십자가를 어리석은 것으로 여겼던 유대인이나 헬라인이라 할지라도, **일단 믿게 되면 그리스도를 통해 진정한 지혜와 능력을 발견하게 된다는 뜻입니다.**

이사야 43장 말씀도 귀한 말씀입니다. 우리에게 하시는 말씀입니다.

〈이사야 43:1〉
"야곱아 너를 창조하신 여호와께서 지금 말씀하시느니라 이스라엘아 **너를 지으신 이가 말씀하시느니라** 너는 두려워하지 말라 내가 너를 구속하였고 **내가 너를 지명하여 불렀나니 너는 내 것이라**"

선택된 자는 하나님께서 그분의 뜻대로 어떤 그릇으로든 사용하십니다. 집을 지을 때 기둥, 대들보, 석가래만 필요한 것이 아니죠. 문살이나 벽을 이루는 흙처럼, 하나님은 우리에게도 다양한 사명을 맡기십니다. **우리는 그저 순종하며, 기쁘고 즐겁게 맡은 바 사명을 감당해야 합니다.** 하나님께서는 "순종이 제사보다 낫다"고 말씀하셨습니다.

다음 말씀처럼 우리도 하나님께서 맡기신 사명을 잘 감당하며, 무조건 따르고 순종해야 합니다.

〈마가복음 1:17-20〉
"17 예수께서 이르시되 나를 따라오라 **내가 너희로 사람을 낚는 어부가**

되게 하리라 하시니
18 곧 그물을 버려 두고 따르니라
19 조금 더 가시다가 세베대의 아들 야고보와 그 형제 요한을 보시니 그들도 배에 있어 그물을 깁는데
20 곧 부르시니 그 아버지 세베대를 품꾼들과 함께 배에 버려 두고 예수를 따라가니라"

요한복음 15장의 말씀을 다시 인용합니다.

〈요한복음 15:16〉
"너희가 나를 택한 것이 아니요 **내가 너희를 택하여 세웠나니** 이는 너희로 가서 열매를 맺게 하고 또 너희 열매가 항상 있게 하여 내 이름으로 아버지께 무엇을 구하든지 다 받게 하려 함이라"

〈마가복음 13:27〉
"또 그 때에 그가 천사들을 보내어 자기가 택하신 자들을 땅 끝으로부터 하늘 끝까지 사방에서 모으리라"

우리는 가끔 내 의지대로 교회에 나왔다고 생각하곤 합니다. 그렇게 생각하기 쉽지요. 하지만 사실 **하나님께서 나를 부르시지 않으셨다면, 나는 결코 예수를 믿을 수 없었을 것입니다.** 그런 의미에서, 다음 말씀도 정말 귀한 말씀이 됩니다.

〈이사야 44:1-2〉
"1 나의 종 야곱, **내가 택한 이스라엘아 이제 들으라**

2 너를 만들고 너를 모태에서부터 지어 낸 너를 도와 줄 여호와가 이같이 말하노라 나의 종 야곱, **내가 택한 여수룬아 두려워하지 말라**"

택함을 받은 우리 성도들은 정말 큰 복을 받은 사람들입니다. 성도는 물론 성경을 꾸준히 읽어야 하지만, **무엇보다 항상 기도하는 삶을 살아야 합니다.** 그리고 다음 말씀을 늘 묵상하며 마음에 새겨야 합니다.

〈시편 1:1-3〉
"1 복 있는 사람은 악인들의 꾀를 따르지 아니하며 죄인들의 길에 서지 아니하며 오만한 자들의 자리에 앉지 아니하고
2 오직 여호와의 율법을 즐거워하여 **그의 율법을 주야로 묵상하는도다**
3 그는 시냇가에 심은 나무가 철을 따라 열매를 맺으며 그 잎사귀가 마르지 아니함 같으니 **그가 하는 모든 일이 다 형통하리로다**"

그럼 이제 성경에 나오는 '택함을 받는 장면'을 살펴보겠습니다. 먼저 대표적인 인물인 바울을 살펴보죠.

〈사도행전 9:1-19〉
"1 사울이 주의 제자들에 대하여 여전히 위협과 살기가 등등하여 대제사장에게 가서
2 다메섹 여러 회당에 가져갈 공문을 청하니 이는 만일 그 도를 따르는 사람을 만나면 **남녀를 막론하고 결박하여 예루살렘으로 잡아오려 함이라**
3 사울이 길을 가다가 다메섹에 가까이 이르더니 홀연히 하늘로부터 빛

이 그를 둘러 비추는지라

4 땅에 엎드러져 들으매 소리가 있어 이르시되 **사울아 사울아 네가 어찌하여 나를 박해하느냐 하시거늘**

5 대답하되 주여 누구시니이까 이르시되 나는 네가 박해하는 예수라

6 너는 일어나 시내로 들어가라 네가 행할 것을 네게 이를 자가 있느니라 하시니

7 같이 가던 사람들은 소리만 듣고 아무도 보지 못하여 말을 못하고 서 있더라

8 사울이 땅에서 일어나 눈은 떴으나 아무 것도 보지 못하고 사람의 손에 끌려 다메섹으로 들어가서

9 사흘 동안 보지 못하고 먹지도 마시지도 아니하니라

10 그 때에 다메섹에 **아나니아라 하는 제자가 있더니 주께서 환상 중에 불러 이르시되** 아나니아야 하시거늘 대답하되 주여 내가 여기 있나이다 하니

11 주께서 이르시되 일어나 직가라 하는 거리로 가서 유다의 집에서 다소 사람 사울이라 하는 사람을 찾으라 그가 기도하는 중이니라

(중략)

15 주께서 이르시되 가라 이 사람은 **내 이름을 이방인과 임금들과 이스라엘 자손들에게 전하기 위하여 택한 나의 그릇이라**

16 **그가 내 이름을 위하여 얼마나 고난을 받아야 할 것을 내가 그에게 보이리라 하시니**

17 아나니아가 떠나 그 집에 들어가서 그에게 안수하여 이르되 형제 사울아 주 곧 네가 오는 길에서 나타나셨던 예수께서 나를 보내어 너로 다시 보게 하시고 **성령으로 충만하게 하신다** 하니

18 즉시 사울의 눈에서 비늘 같은 것이 벗어져 다시 보게 된지라 일어나 세례를 받고
19 음식을 먹으매 강건하여지니라 (중략)"

그렇습니다. 바울에 대해 사도행전 22장 3, 4절에서는 이렇게 쓰여 있습니다.

〈사도행전 22:3-4〉
"3 나는 유대인으로 길리기아 다소에서 났고 이 성에서 자라 가말리엘의 문하에서 우리 조상들의 율법의 엄한 교훈을 받았고 오늘 너희 모든 사람처럼 하나님께 대하여 열심이 있는 자라
4 내가 **이 도를 박해하여 사람을 죽이기까지 하고 남녀를 결박하여 옥에 넘겼노니**"

그런 바울이 하나님의 전적인 택하심을 받아 이방인을 구원하는 사도가 된 것입니다.

사울(바울)의 회심은 기독교 역사에서 매우 중요한 의미를 지닙니다. 사울은 이제 교회가 이방인의 세계로 뻗어나가는 데 있어 하나님의 큰 그릇이 된 인물입니다. 그는 부활하신 예수님을 만남으로써 구원이 오직 하나님의 은혜와 믿음을 통해 이루어짐을 깨닫게 되었습니다. **이로 인해 교회는 유대주의에서 완전히 벗어나게 되었지요.**

이제 에베소서를 함께 살펴보겠습니다.

〈에베소서 1:1-7〉
"1 **하나님의 뜻으로 말미암아 그리스도 예수의 사도 된 바울**은 에베소에 있는 성도들과 그리스도 예수 안에 있는 신실한 자들에게 편지하노니
2 하나님 우리 아버지와 주 예수 그리스도로부터 은혜와 평강이 너희에게 있을지어다
3 찬송하리로다 하나님 곧 우리 주 예수 그리스도의 아버지께서 그리스도 안에서 하늘에 속한 모든 신령한 복을 우리에게 주시되
4 **곧 창세 전에 그리스도 안에서 우리를 택하사** 우리로 사랑 안에서 그 앞에 거룩하고 흠이 없게 하시려고
5 그 기쁘신 뜻대로 **우리를 예정하사 예수 그리스도로 말미암아 자기의 아들들이 되게 하셨으니**
6 이는 그가 사랑하시는 자 안에서 우리에게 거저 주시는 바 그의 은혜의 영광을 찬송하게 하려는 것이라
7 우리는 그리스도 안에서 그의 은혜의 풍성함을 따라 **그의 피로 말미암아 속량 곧 죄 사함을 받았느니라**"

이제부터는 창세기에 나오는 대표적인 인물들인 **아브라함, 이삭, 야곱, 요셉을 통해 하나님께서 택하신 백성들을 어떻게 인도하시고 사용하셨는지를 살펴보려 합니다.**

창세기 12장부터 50장까지는 이들의 이야기로 가득합니다. 여러분은 마치 흥미로운 **소설을 읽듯이 시간을 내어 읽어보시길 바랍니**

다.

⟨창세기 12:1-3⟩

"1 **여호와께서 아브람에게 이르시되** 너는 너의 고향과 친척과 아버지의 집을 떠나 내가 네게 보여 줄 땅으로 가라
2 내가 너로 큰 민족을 이루고 네게 복을 주어 네 이름을 창대하게 하리니 너는 복이 될지라
3 너를 축복하는 자에게는 내가 복을 내리고 너를 저주하는 자에게는 내가 저주하리니 땅의 모든 족속이 너로 말미암아 복을 얻을 것이라 하신지라"

하나님은 아브람을 부르시고, 그가 복의 근원이 되도록 약속하셨습니다. 그렇습니다. **하나님께서는 자신의 전적인 주권으로 아브라함을 택하시어 그를 큰 그릇으로 사용하신 것입니다. 하나님은 아브라함이 잘 순종할 것을 이미 아셨습니다.** "순종이 제사보다 낫다"고 하셨죠. 택함을 받은 우리는 언제나 순종하는 마음을 가지고 살아야 합니다.

창세기 26장을 보십시다. 하나님께서 아브라함을 어떻게 보셨는지 말씀이 나옵니다.

⟨창세기 26:5⟩

"이는 아브라함이 내 말을 순종하고 내 명령과 내 계명과 내 율례와 내 법도를 지켰음이라 하시니라"

하나님은 아브라함을 이스라엘의 조상이 되게 하시며, 그를 복의 근원이 되게 할 것을 약속하셨습니다. 다음은 하나님께서 아브라함에게 말씀하신 또 다른 부분입니다.

〈창세기 13:14-17〉
"14 롯이 아브람을 떠난 후에 **여호와께서 아브람에게 이르시되** 너는 눈을 들어 너 있는 곳에서 북쪽과 남쪽 그리고 동쪽과 서쪽을 바라보라
15 보이는 땅을 내가 너와 네 자손에게 주리니 영원히 이르리라
16 **내가 네 자손이 땅의 티끌 같게 하리니** 사람이 땅의 티끌을 능히 셀 수 있을진대 네 자손도 세리라
17 너는 일어나 그 땅을 종과 횡으로 두루 다녀 보라 내가 그것을 네게 주리라"

〈창세기 17:1-5〉
"**1 아브람이 구십구 세 때에 여호와께서 아브람에게 나타나서** 그에게 이르시되 나는 전능한 하나님이라 너는 내 앞에서 행하여 완전하라
2 내가 **내 언약을 나와 너 사이에 두어** 너를 크게 번성하게 하리라 하시니
3 아브람이 엎드렸더니 하나님이 또 그에게 말씀하여 이르시되
4 보라 **내 언약이 너와 함께 있으니 너는 여러 민족의 아버지가 될지라**
5 이제 후로는 네 이름을 아브람이라 하지 아니하고 아브라함이라 하리니 이는 내가 너를 여러 민족의 아버지가 되게 함이니라"
*'아브라함'의 뜻: 많은 무리의 아버지

아브라함은 백 세에 이삭을 낳았습니다. **이삭 역시 하나님 말씀에 전적으로 순종하며 삶을 살아갔습니다.**

〈창세기 22:1-17〉
"1 그 일 후에 **하나님이 아브라함을 시험하시려고** 그를 부르시되 아브라함아 하시니 그가 이르되 내가 여기 있나이다
2 여호와께서 이르시되 네 아들 네 사랑하는 독자 이삭을 데리고 모리아 땅으로 가서 내가 네게 일러 준 한 산 거기서 그를 번제로 드리라
(중략)
7 이삭이 그 아버지 아브라함에게 말하여 이르되 내 아버지여 하니 그가 이르되 내 아들아 내가 여기 있노라 **이삭이 이르되 불과 나무는 있거니와 번제할 어린 양은 어디 있나이까**
8 아브라함이 이르되 내 아들아 번제할 어린 양은 하나님이 자기를 위하여 친히 준비하시리라 하고 두 사람이 함께 나아가서
(중략)
12 사자가 이르시되 그 아이에게 네 손을 대지 말라 그에게 아무 일도 하지 말라 네가 네 아들 네 독자까지도 내게 아끼지 아니하였으니 **내가 이제야 네가 하나님을 경외하는 줄을 아노라**
(중략)
16 이르시되 여호와께서 이르시기를 **내가 나를 가리켜 맹세하노니** 네가 이같이 행하여 네 아들 네 독자도 아끼지 아니하였은즉
17 **내가 네게 큰 복을 주고 네 씨가 크게 번성하여 하늘의 별과 같고 바닷가의 모래와 같게 하리니 네 씨가 그 대적의 성문을 차지하리라**"

이제 야곱에 대해 살펴보겠습니다.

"아브라함이 이삭을 낳았고"(창세기 25:19)라고 기록되어 있습니다. 이삭은 야곱을 낳았습니다. **야곱의 이야기는 창세기 28장부터 36장까지 나옵니다.**

야곱은 태중에서부터 형 에서와 다투며 태어났습니다. 형 에서는 사냥꾼이었고, 이삭의 아내는 야곱을 더 사랑했습니다. 어머니의 정보로 야곱은 형 에서를 속여 장자의 명분을 삽니다. 나이가 들어 눈이 보이지 않는 아버지는 에서인 줄 알고 야곱에게 장자의 축복을 주셨습니다. 그러나 **에서는 장자의 명분을 가볍게 여겨 죽 한 그릇으로 그 명분을 팔았습니다.** 에서가 속은 사실을 알고는 야곱을 죽이려 했습니다.

그래서 야곱은 형을 피해 아주 멀리 떨어진 외삼촌 집에 의탁하게 됩니다. 이십 년 동안 외삼촌 집에서 외삼촌에게 속으면서도 잔꾀로 아니 하나님의 축복으로 많은 부를 쌓고, 외삼촌의 두 딸과 결혼합니다. 고향으로 돌아온 후, 그는 형 에서와 화해하며 잘 살아갑니다. **야곱은 열두 아들을 낳았고, 이 열두 아들이 이스라엘의 열두 지파가 되었습니다.**

이삭은 야곱이 언약의 후사라는 사실을 확신하고, 그를 축복합니다. 그리고 야곱이 외삼촌 집으로 가는 도중, 꿈을 꾸게 됩니다.

〈창세기 28:10-16〉

"10 야곱이 브엘세바에서 떠나 하란으로 향하여 가더니

11 한 곳에 이르러는 해가 진지라 거기서 유숙하려고 그 곳의 한 돌을 가져다가 베개로 삼고 거기 누워 자더니

12 **꿈에 본즉 사닥다리가 땅 위에 서 있는데 그 꼭대기가 하늘에 닿았고** 또 본즉 하나님의 사자들이 그 위에서 오르락내리락 하고

13 또 본즉 **여호와께서 그 위에 서서 이르시되 나는 여호와니 너의 조부 아브라함의 하나님이요 이삭의 하나님이라 네가 누워 있는 땅을 내가 너와 네 자손에게 주리니**

14 네 자손이 땅의 티끌 같이 되어 네가 서쪽과 동쪽과 북쪽과 남쪽으로 퍼져나갈지며 땅의 모든 족속이 너와 네 자손으로 말미암아 복을 받으리라

15 **내가 너와 함께 있어** 네가 어디로 가든지 너를 지키며 너를 이끌어 이 땅으로 돌아오게 할지라 내가 네게 허락한 것을 다 이루기까지 너를 떠나지 아니하리라 하신지라

16 야곱이 잠이 깨어 이르되 여호와께서 **과연 여기 계시거늘 내가 알지 못하였도다**"

이상에서 보았듯이, 야곱은 축복을 받고 외삼촌 집으로 가는 도중에 꿈에서 하나님을 만나, **평생 하나님께서 함께 하신다는 말씀을** 듣고 하나님을 경외하며 고난을 잘 견뎌내며 살아갔습니다.

하나님께서는 **우리를 택하시고 사명을 맡기시며 늘 인도하시고,**

말씀대로 살아가도록 돕고 기다리신다는 사실을 굳게 믿으며, **하나님의 향기를 드러내며 살아갑시다.**

이제부터는 **요셉을 통해 하나님께서 이스라엘 민족을 택하시고 어떻게 선민으로 삼으셨는지 살펴보겠습니다.**

창세기 37장에서, 요셉은 야곱이 노년에 얻은 아들로, 야곱은 누구보다도 요셉을 사랑했습니다. 요셉은 형들의 시기심으로 상인에게 팔려 애굽으로 가게 되지요. 그 상인들에 의해 요셉은 애굽 바로의 신하 친위대장 보디발에게 팔리게 됩니다 (창세기 37장 이야기).

〈창세기 39:1-5〉
"1 **요셉이** 이끌려 애굽에 내려가매 바로의 신하 친위대장 애굽 사람 보디발이 그를 그리로 데려간 이스마엘 사람의 손에서 요셉을 사니라
2 **여호와께서 요셉과 함께 하시므로 그가 형통한 자가 되어 그의 주인 애굽 사람의 집에 있으니**
3 그의 주인이 여호와께서 그와 함께 하심을 보며 또 여호와께서 그의 범사에 형통하게 하심을 보았더라
4 요셉이 그의 주인에게 은혜를 입어 섬기매 그가 요셉을 가정 총무로 삼고 자기의 소유를 다 그의 손에 위탁하니
5 그가 요셉에게 자기의 집과 그의 모든 소유물을 주관하게 한 때부터 **여호와께서 요셉을 위하여 그 애굽 사람의 집에 복을 내리시므로 여호와의 복이 그의 집과 밭에 있는 모든 소유에 미친지라"**

요셉은 나중에 친위대장 보디발의 총무가 됩니다. 보디발의 아내의 유혹을 뿌리친 요셉은 여러 경위를 거쳐 애굽의 총리대신이 되어 애굽의 2인자가 됩니다. 창세기 40장과 41장을 다시 읽어보세요. 정말 재미있습니다. 마치 소설을 읽는 것처럼 몰입할 수 있습니다.

그때 극심한 가뭄이 들었습니다. **야곱은 가나안 땅에 기근이 들자 양식을 구하러 막내 베냐민을 제외한 아들들을 애굽으로 보내게 됩니다.** 요셉은 형들을 보고도 모르는 척하며 그들을 정탐꾼으로 몰고, 시므온을 볼모로 삼고 막내인 베냐민을 데려와 그들의 말을 입증할 것을 요구합니다. 이는 창세기 42장의 내용입니다.

창세기 45장에서 요셉은 형들 앞에서 자신의 정체를 밝힙니다. 형들의 손에 팔려 애굽으로 왔지만, **그 사건의 배후에는 야곱 일가를 애굽으로 인도하시려는 하나님의 섭리가 있었음을 형들을 위로하며 고백합니다.** 요셉의 신앙의 깊이를 엿볼 수 있는 장면입니다.

〈창세기 45:1-7〉
"1 요셉이 시종하는 자들 앞에서 그 정을 억제하지 못하여 소리 질러 모든 사람을 자기에게서 물러가라 하고 그 형제들에게 자기를 알리니 그 때에 그와 함께 한 다른 사람이 없었더라
2 **요셉이 큰 소리로 우니** 애굽 사람에게 들리며 바로의 궁중에 들리더라
3 요셉이 그 형들에게 이르되 나는 요셉이라 내 아버지께서 아직 살아 계시니이까 형들이 그 앞에서 놀라서 대답하지 못하더라

4 요셉이 형들에게 이르되 내게로 가까이 오소서 그들이 가까이 가니 이르되 나는 당신들의 아우 요셉이니 당신들이 애굽에 판 자라
(중략)
7 하나님이 큰 구원으로 당신들의 생명을 보존하고 당신들의 후손을 세상에 두시려고 나를 당신들보다 먼저 보내셨나니"

하나님의 섭리는 우리 인간들이 다 이해할 수 없습니다. 그래서 이 12지파는 애굽에서 400년 동안 종살이를 하게 된 것입니다.

그렇다면, **택함을 받은 우리들은 어떻게 살아야 할까요?** 예수님을 닮아가며 말씀대로 살아가야 합니다. 세상의 아버지들이 자녀들이 제대로 살지 못할 때 얼마나 마음이 아픈지 모르는 것처럼, 우리도 하나님을 아버지로 모시고 그 뜻을 따르며 살아야 합니다.

주일을 잘 지키고, 기도도 열심히 하며, 재물도 아낌없이 주신 대로 드려야 합니다.

다음 말씀을 잘 기억하십시다.
〈요한복음 8:47, 51〉
"47 **하나님께 속한 자는 하나님의 말씀을 듣나니** 너희가 듣지 아니함은 하나님께 속하지 아니하였음이로다
51 진실로 진실로 너희에게 이르노니 **사람이 내 말을 지키면 영원히 죽음을 보지 아니하리라**"

다음 성경 말씀으로 이 편을 마칩니다.

〈예레미야 17:7-8〉
"7 그러나 무릇 **여호와를 의지하며 여호와를 의뢰하는 그 사람은 복을 받을 것이라**
8 그는 물 가에 심어진 나무가 그 뿌리를 강변에 뻗치고 더위가 올지라도 두려워하지 아니하며 그 잎이 청청하며 가무는 해에도 걱정이 없고 결실이 그치지 아니함 같으리라"

〈잠언 9:10〉
"**여호와를 경외하는 것이 지혜의 근본이요** 거룩하신 자를 아는 것이 명철이니라"

〈시편 39:12-13〉
"**12 여호와여 나의 기도를 들으시며 나의 부르짖음에 귀를 기울이소서** 내가 눈물 흘릴 때에 잠잠하지 마옵소서 나는 주와 함께 있는 나그네이며 나의 모든 조상들처럼 떠도나이다
13 주는 나를 용서하사 내가 떠나 없어지기 전에 나의 건강을 회복시키소서"

〈마태복음 6:24, 33-34〉
"**24 한 사람이 두 주인을 섬기지 못할 것이니** 혹 이를 미워하고 저를 사랑하거나 혹 이를 중히 여기고 저를 경히 여김이라 **너희가 하나님과 재물을 겸하여 섬기지 못하느니라**
33 그런즉 너희는 **먼저 그의 나라와 그의 의를 구하라** 그리하면 이 모든

것을 너희에게 더하시리라

34 그러므로 내일 일을 위하여 염려하지 말라 내일 일은 내일이 염려할 것이요 한 날의 괴로움은 그 날로 족하니라"

〈시편 139:1-4〉
"1 여호와여 주께서 나를 살펴 보셨으므로 나를 아시나이다
2 주께서 내가 앉고 일어섬을 아시고 멀리서도 나의 생각을 밝히 아시오며
3 나의 모든 길과 내가 눕는 것을 살펴 보셨으므로 나의 모든 행위를 익히 아시오니
4 여호와여 내 혀의 말을 알지 못하시는 것이 하나도 없으시니이다"

〈요한복음 1:12〉
"접하는 자 곧 그 이름을 믿는 자들에게는 하나님의 자녀가 되는 권세를 주셨으니"

말씀을 마치겠습니다. 감사합니다.

18
중심으로 교회를 섬겨라

여러분은 친구 사이에서, 직장 생활에서 비교적 원만하며 인간관계를 잘 유지하고 살아가고 있습니까? 직장 생활이 즐겁습니까? 그렇다면 여러분은 '예'라고 대답할 수 있나요? '예'라고 대답할 수 있는 사람의 사회생활 태도는 어떨까요. **상대방과 잘 대화하며 존중하는 태도를 가지며, 자신의 약점이나 부족함을 잘 숨기려 하지 않고 솔직하게 터놓고 대화하는 편이지요. 교만하지 않으며, 잔꾀를 부리지 않고** 까다롭게 굴지도 않습니다. 신뢰할 만한 사람이지요.

그렇다면 하나님은 누구를 좋아하실까요. 어떤 사람을 믿음직스럽게 보실까요. 하나님이 기뻐하시는 삶은 어떤 모습일까요?

오늘은 '중심으로 하나님을 섬기자', **'중심으로 교회를 섬기자'**라는 제목으로 말씀을 나누고자 합니다. **하나님은 우리가 '중심으로' 섬기기를 바라고 계십니다.** 하나님은 외면보다 내면을 중시하시며, 겉으로 드러난 제사보다 **내적으로 순종하는 마음을 귀하게 보십니다.**

⟨사무엘상 16:7⟩
"(중략) 내가 보는 것은 사람과 같지 아니하니 사람은 외모로 보거니와 나 여호와는 중심을 보느니라 하시더라"

⟨마가복음 12:14⟩
"(중략) 이는 사람을 외모로 보지 않고 (중략)"

⟨시편 51:6⟩
"(중략) **주께서는 중심이 진실함을 원하시오니** (중략)"

⟨로마서 2:11⟩
"이는 하나님께서 외모로 사람을 취하지 아니하심이라"

⟨사무엘상 15:22⟩
"사무엘이 이르되 여호와께서 번제와 다른 제사를 그의 목소리를 청종하는 것을 좋아하심 같이 좋아하시겠나이까 순종이 제사보다 낫고 듣는 것이 숫양의 기름보다 나으니"

⟨사도행전 10:34-35⟩
"34 베드로가 입을 열어 말하되 내가 참으로 **하나님은 사람의 외모를 보지 아니하시고**

35 각 나라 중 하나님을 경외하며 의를 행하는 사람은 다 받으시는 줄 깨달았도다"

다음 말씀도 '**중심으로 하나님을 섬기라**'는 뜻을 담고 있습니다.

⟨갈라디아서 6:7-9⟩
"7 **스스로 속이지 말라 하나님은 업신여김을 받지 아니하시나니 사람이 무엇으로 심든지 그대로 거두리라**
8 자기의 육체를 위하여 심는 자는 육체로부터 썩어질 것을 거두고 **성령을 위하여 심는 자는 성령으로부터 영생을 거두리라**
9 우리가 선을 행하되 낙심하지 말지니 **포기하지 아니하면 때가 이르매 거두리라**"

⟨신명기 6:2, 5, 8, 13⟩
"2 곧 너와 네 아들과 네 손자들이 평생에 네 하나님 여호와를 경외하며 내가 너희에게 명한 그 모든 규례와 명령을 지키게 하기 위한 것이며 또 네 날을 장구하게 하기 위한 것이라
5 너는 **마음을 다하고 뜻을 다하고 힘을 다하여 네 하나님 여호와를 사랑하라**
8 너는 또 그것을 네 손목에 매어 기호를 삼으며 네 미간에 붙여 표로 삼고
13 네 하나님 여호와를 경외하며 그를 섬기며 그의 이름으로 맹세할 것이니라"

다음 13절 말씀 "네 믿은 대로 될지어다" 하셨는데, 역시 '중심'으로 예수님 말씀을 믿었다는 뜻입니다.

〈마태복음 8:5-13〉
"5 예수께서 가버나움에 들어가시니 한 백부장이 나아와 간구하여
6 이르되 주여 내 하인이 중풍병으로 집에 누워 몹시 괴로워하나이다
7 이르시되 내가 가서 고쳐 주리라
8 백부장이 대답하여 이르되 주여 **내 집에 들어오심을 나는 감당하지 못하겠사오니** 다만 말씀으로만 하옵소서 그러면 내 하인이 낫겠사옵나이다
9 나도 남의 수하에 있는 사람이요 내 아래에도 군사가 있으니 이더러 가라 하면 가고 저더러 오라 하면 오고 내 종더러 이것을 하라 하면 하나이다
10 예수께서 들으시고 놀랍게 여겨 따르는 자들에게 이르시되 내가 진실로 너희에게 이르노니 **이스라엘 중 아무에게서도 이만한 믿음을 보지 못하였노라**
(중략)
13 예수께서 백부장에게 이르시되 가라 **네 믿은 대로 될지어다** 하시니 그 즉시 하인이 나으니라"

다음 사무엘상 16장과 사무엘상 15장의 말씀에서도 '하나님은 외면보다 내면을 중시하시며, **겉으로 드러난 제사보다 내적으로 순종하는 마음을 귀하게 보신다**'는 말씀과 같은 취지입니다.

〈사무엘상 16:7〉

"여호와께서 사무엘에게 이르시되 그의 용모와 키를 보지 말라 내가 이미 그를 버렸노라 내가 보는 것은 사람과 같지 아니하니 **사람은 외모를 보거니와** 나 여호와는 중심을 보느니라 하시더라"

다음 말씀들도 '중심을 보신다'는 말씀입니다.

〈마가복음 2:8〉
"그들이 속으로 이렇게 생각하는 줄을 예수께서 곧 중심에 아시고 이르시되 어찌하여 이것을 마음에 생각하느냐"

〈시편 51:6〉
"보소서 주께서는 **중심이 진실함을 원하시오니** 내게 지혜를 은밀히 가르치시리이다"

다음 말씀은 '중심이 아닌 위선'임을 지적한 것입니다.

〈이사야 29:13〉
"주께서 이르시되 이 백성이 입으로는 나를 가까이 하며 입술로는 나를 공경하나 **그들의 마음은 내게서 멀리 떠났나니** 그들이 나를 경외함은 사람의 계명으로 가르침을 받았을 뿐이라"

제가 가장 자주 묵상하는 시편 139편 1절에서 4절까지의의 말씀도 하나님께서는 우리의 중심을 꿰뚫고 계시다는 말씀입니다.

〈시편 139:1-4〉
"1 여호와여 주께서 나를 살펴 보셨으므로 나를 아시나이다

2 주께서 내가 앉고 일어섬을 아시고 멀리서도 나의 생각을 밝히 아시오며

3 나의 모든 길과 내가 눕는 것을 살펴 보셨으므로 나의 모든 행위를 익히 아시오니

4 여호와여 내 혀의 말을 알지 못하시는 것이 하나도 없으시니이다"

위 말씀을 명심하십시오. 두렵지 않으십니까. **정말로 하나님께서는 모든 것을 아시는 분이십니다.** 이런 하나님 앞에서 우리가 어떻게 감히 행동을 함부로 할 수 있겠습니까. 앞에서도 말씀드렸듯이, 저는 이 말씀을 수십 년 동안 늘 두려운 마음으로 묵상해왔습니다. 이 말씀 앞에서 나는 그저 무력해질 수밖에 없습니다.

아! 부끄럽습니다. 이 필설로 다 표현할 수 없습니다만, **때로는 헛된 것과 음란한 생각에 빠질 때가 있습니다. 그럴 때마다 하나님께서는 저를 채찍으로 깨우치십니다.** 처음으로 고백합니다. 지금까지 남들에게 말하지 못했던 부분입니다. 그러나 이 모든 것에 늘 감사하면서 살고 있습니다.

하나님께서 '중심'을 보신다는 말씀은 사실 '**진실함을 보신다**'는 **말씀과 같습니다.** 하나님께서는 우리의 내면과 진심을 보시며, 그 진실된 마음을 기뻐하십니다.

〈누가복음 18:9-14, 16-17〉
"9 또 자기를 의롭다고 믿고 다른 사람을 멸시하는 자들에게 이 비유로

말씀하시되

10 두 사람이 기도하러 성전에 올라가니 하나는 바리새인이요 하나는 세리라

11 바리새인은 서서 따로 기도하여 이르되 하나님이여 나는 다른 사람들 곧 토색, 불의, 간음을 하는 자들과 같지 아니하고 이 세리와도 같지 아니함을 감사하나이다

12 나는 이레에 두 번씩 금식하고 또 소득의 십일조를 드리나이다 하고

13 세리는 멀리 서서 감히 눈을 들어 하늘을 쳐다보지도 못하고 다만 가슴을 치며 이르되 하나님이여 불쌍히 여기소서 나는 죄인이로소이다 하였느니라

14 내가 너희에게 이르노니 이에 저 바리새인이 아니고 이 사람이 의롭다 하심을 받고 그의 집으로 내려갔느니라 무릇 자기를 높이는 자는 낮아지고 자기를 낮추는 자는 높아지리라 하시니라

(중략)

16 예수께서 그 어린 아이들을 불러 가까이 하시고 이르시되 어린 아이들이 내게 오는 것을 용납하고 금하지 말라 하나님의 나라가 이런 자의 것이니라

17 내가 진실로 너희에게 이르노니 누구든지 하나님의 나라를 어린 아이와 같이 받아들이지 않는 자는 결단코 거기 들어가지 못하리라 하시니라"

하나님은 **'중심을 보신다, 중심을 아신다'**는 말씀을 계속해서 묵상해봅시다.

⟨사무엘상 16:7⟩

"여호와께서 사무엘에게 이르시되 그의 용모와 키를 보지 말라 내가 이미 그를 버렸노라 내가 보는 것은 사람과 같지 아니하니 사람은 외모를 보거니와 **나 여호와는 중심을 보느니라 하시더라**"

다음 "최선을 다하여 섬기라"는 말씀도 하나님께서 우리의 중심을 아신다는 말씀과 연결됩니다.

⟨신명기 6:5⟩

"너는 마음을 다하고 뜻을 다하고 힘을 다하여 네 하나님 여호와를 사랑하라"

다음 말씀도 '중심을 보신다'는 말씀들입니다.

⟨시편 51:6⟩

"보소서 주께서는 중심이 진실함을 원하시오니 내게 지혜를 은밀히 가르치시리이다"

⟨로마서 2:11⟩

"이는 하나님께서 외모로 사람을 취하지 아니하심이라"

⟨마가복음 12:14⟩

"와서 이르되 선생님이여 우리가 아노니 당신은 참되시고 아무도 꺼리는 일이 없으시니 이는 사람을 외모로 보지 않고 오직 진리로써 하나님의 도를 가르치심이니이다 가이사에게 세금을 바치는 것이 옳으니이까 옳지 아니하니이까"

다음 성경 말씀으로 '중심으로 교회를 섬겨라' 편을 마치겠습니다.

〈마가복음 2:7-12〉
"7 이 사람이 어찌 이렇게 말하는가 신성 모독이로다 오직 하나님 한 분 외에는 누가 능히 죄를 사하겠느냐
8 그들이 속으로 이렇게 생각하는 줄을 예수께서 곧 중심에 아시고 이르시되 어찌하여 이것을 마음에 생각하느냐
9 중풍병자에게 네 죄 사함을 받았느니라 하는 말과 일어나 네 상을 가지고 걸어가라 하는 말 중에서 어느 것이 쉽겠느냐
10 그러나 인자가 땅에서 죄를 사하는 권세가 있는 줄을 너희로 알게 하려 하노라 하시고 중풍병자에게 말씀하시되
11 내가 네게 이르노니 일어나 네 상을 가지고 집으로 가라 하시니
12 그가 일어나 곧 상을 가지고 모든 사람 앞에서 나가거늘 그들이 다 놀라 하나님께 영광을 돌리며 이르되 우리가 이런 일을 도무지 보지 못하였다 하더라"

누가복음 7장 48절을 제외하고 예수님께서 병자를 고치실 때 사죄 선언을 하신 적은 없으셨습니다. 그러나 구약성경의 배경에서 병의 치료에는 언제나 하나님의 죄사함이 선행되어야 했으며, '병의 치료'와 '죄사함'을 종종 같은 뜻으로 사용되었습니다.

말씀을 마치겠습니다. 감사합니다.

19

복 받은 이의 삶

이제 제가 드리고자 하는 말씀은 사실 여러 번 망설였던 부분입니다. 이 책을 마무리하며, 출판을 앞두고 마지막으로 펜을 든 이유이기도 합니다.

우리가 전도할 때 흔히 "예수 믿고 천국 가세요" 혹은 "교회에 나와 예수 믿고 복 받으세요"라는 말을 자주 하곤 합니다. 저 역시 이런 말을 들을 때마다 '복'이란 무엇인지 깊이 생각하게 되었습니다. 이 주제에 대해 말씀드리고자 합니다.

처음 이 말을 들었을 때, 누구나 그 '복'이 무엇인지 깊이 생각하지는 않았을 것입니다만, 대부분은 그 '복'이 세상적인 복을 의미한다고 여겼겠지요. 아니, 그렇게 생각했을 것입니다. 그런데 저는 그 생각이 잘못된 것이 아니라고 감히 말씀드리고 싶습니다.

 물론 성경에서 말하는 '복'은 단순한 '세상적인 복'이 아님은 맞습니다. 성경에서 죄인인 우리가 예수를 믿으면 천국에 간다는 말씀은 정말 맞는 말씀입니다. **예수님을 믿어야 구원받는다는 말씀은 성경의 핵심이지요.** 나중에 좀 더 자세히 말씀 드리겠습니다.

 다음 히브리서를 보겠습니다.

〈히브리서 10:10-12〉
"10 이 뜻을 따라 예수 그리스도의 몸을 단번에 드리심으로 말미암아 우리가 거룩함을 얻었노라
11 제사장마다 매일 서서 섬기며 자주 같은 제사를 드리되 이 제사는 언제나 죄를 없게 하지 못하거니와
12 오직 그리스도는 죄를 위하여 한 영원한 제사를 드리시고"

라고 히브리서 기자는 기록한 것입니다. **그렇습니다. 그래서 우리 죄인은 거룩함을 얻은 것입니다.**

 예수님은 우리 죄인을 위하여 **"단번에 제물로 드려 (우리의) 죄를 없이 하시려고 세상 끝에 나타나셨던(히브리서 9:26)"** 것입니다. 그래서 요한복음 6장 40절에서 "내 아버지의 뜻은 아들을 보고 믿는 자마다 영생을 얻는 이것이니 마지막 날에 내가 이를 다시 살리리라 하시니라" 기록한 것입니다.

이러한 이유로 우리는 "교회 나와 예수 믿고 복 받으세요"라고 외치는 것입니다. 그래서 요한복음 3장 36절의 **"아들을 믿는 자에게는 영생이 있고** 아들에게 순종하지 아니하는 자는 영생을 보지 못하고 도리어 하나님의 진노가 그 위에 머물러 있느니라"라고 한 것입니다. 진리입니다.

다음 갈라디아 말씀도 보십시오.

〈갈라디아서 2:20〉
"내가 그리스도와 함께 십자가에 못 박혔나니 그런즉 이제는 내가 사는 것이 아니요 오직 내 안에 그리스도께서 사시는 것이라 이제 내가 육체 가운데 사는 것은 나를 사랑하사 나를 위하여 자기 자신을 버리신 하나님의 아들을 믿는 믿음 안에서 사는 것이라"

그렇습니다. **하나님께서는 우리를 사랑하셔서 독생자 예수님을 십자가에 달리게 하셔서 단번에 우리의 죄를 사해 주셨습니다.** 이 사실을 믿는 것, 곧 우리를 위해 돌아가신 예수님을 믿는 것이 바로 진정한 믿음이며, 그것이야말로 참된 복입니다. 그리고 하나님의 말씀과 예수님의 가르침을 따라 사는 것이 믿는 자로서 올바른 삶을 사는 것이며, 그 삶이야말로 진정한 복입니다.

"교회에 나와 예수 믿고 복 받으세요"라는 말에서 말하는 그 복은, 앞서 말씀드린 것처럼, **'나 같은 죄인을 구원해 주시고 천국에 갈 수 있도록 해 주신 것'**이 복의 본질입니다. 이것이야말로 성경의 핵심입니다. 하나님과 예수님의 말씀에 순종하며, 전적으로 그분을 의지하는 삶이야말로 진정한 복의 본질임이 분명합니다.

그러나 **신명기 28장의 말씀도 복의 본질을 말씀하신 것은 아니지만, '복'에 해당되지 않는다고 누가 감히 말씀하시겠습니까. 신명기 28장의 내용이 복의 일부라는 사실은 분명합니다.**

하나님께서는 실은 우리들의 믿음을 자라게 하기 위해 얼마나 많은 연단과 시련을 주시는지 모릅니다. **연단과 고난 없이는 믿음이 자랄 수 없습니다.** 진리입니다.

'세상적으로 힘든 일'도 하나님께서 주시는 시련과 연단의 일부입니다. 그러나 하나님께서는 우리가 그분의 말씀에 순종하며 그 말씀대로 살아갈 때, 세상적인 복도 허락하십니다. 하나님은 공평하신 분이십니다.

많은 성도들이 세상에서 상처받고 어려움을 겪을 때, 하나님께서 우리를 얼마나 사랑하시며, 우리의 삶을 어떻게 인도하시는지를 깨닫게 됩니다. 저는 감히 말씀드립니다, 하나님의 말씀을 통해 우리는 위로와 용기를 얻을 수 있습니다.

〈마태복음 11:28〉
"수고하고 무거운 짐 진 자들아 다 내게로 오라 내가 너희를 쉬게 하리라"

얼마나 큰 위로의 말씀입니까.

〈에베소서 6:2-3〉
"2 네 아버지와 어머니를 공경하라 이것은 약속이 있는 첫 계명이니
3 이로써 네가 잘되고 땅에서 장수하리라"

다음 말씀도 참으로 귀한 말씀입니다.

〈누가복음 18:28-30〉
"28 베드로가 여짜오되 보옵소서 우리가 우리의 것을 다 버리고 주를 따랐나이다
29 이르시되 내가 진실로 너희에게 이르노니 하나님의 나라를 위하여 집이나 아내나 형제나 부모나 자녀를 버린 자는
30 현세에 여러 배를 받고 내세에 영생을 받지 못할 자가 없느니라 하시니라"

누가복음 18장 18절부터 27절에서 보여지듯이, **회개 없이는 누구도 하나님 나라, 즉 영생에 들어갈 수 없습니다.** 이는 누가복음의 중요한 메시지 중 하나입니다. 또한 29, 30절에서 예수님께서는 **복음을 전파하고 하나님을 섬기기 위해 헌신한 사람들에게 현세에서도 복을 주신다고 말씀하십니다.** 이는 하나님께서 우리의 노력을 알아주시고, 그 믿음과 섬김을 축복하신다는 큰 위로와 격려의 메시지입니다.

신명기 28장의 말씀은 하나님께서 말씀하신 대로 순종할 때 임할 축복과, 불순종할 경우 따를 저주를 명확히 보여줍니다. 이는 하나님께서 우리에게 주시는 교훈과, 그 교훈에 따라 살아갈 때 경험하게 되는 하나님의 축복을 설명한 것입니다.

〈신명기 28:1-12〉
"1 네가 네 하나님 여호와의 말씀을 삼가 듣고 내가 오늘 네게 명령하는 그의 모든 명령을 지켜 행하면 **네 하나님 여호와께서 너를 세계 모든 민족 위에 뛰어나게 하실 것이라**
2 네가 **네 하나님 여호와의 말씀을 청종하면 이 모든 복이 네게 임하며 네게 이르리니**
3 성읍에서도 복을 받고 들에서도 복을 받을 것이며
4 네 몸의 자녀와 네 토지의 소산과 네 짐승의 새끼와 소와 양의 새끼가 복을 받을 것이며
5 네 광주리와 떡 반죽 그릇이 복을 받을 것이며
6 네가 들어와도 복을 받고 나가도 복을 받을 것이니라
7 여호와께서 너를 대적하기 위해 일어난 적군들을 네 앞에서 패하게 하시리라 그들이 한 길로 너를 치러 들어왔으나 네 앞에서 일곱 길로 도망하리라
8 여호와께서 명령하사 네 창고와 네 손으로 하는 모든 일에 복을 내리시고 네 하나님 여호와께서 네게 주시는 땅에서 네게 복을 주실 것이며
9 여호와께서 네게 맹세하신 대로 너를 세워 자기의 성민이 되게 하시리니 이는 네가 네 하나님 여호와의 명령을 지켜 그 길로 행할 것임이니라
10 땅의 모든 백성이 여호와의 이름이 너를 위하여 불리는 것을 보고 너

를 두려워하리라

11 여호와께서 네게 주리라고 네 조상들에게 맹세하신 땅에서 네게 복을 주사 네 몸의 소생과 가축의 새끼와 토지의 소산을 많게 하시며

이제 이 글을 마치려 합니다. 하나님의 뜻을 따르고 순종하며 살아간다면, 하나님께서는 분명히 복을 주실 것입니다. 우리를 구원하신 복뿐만 아니라, 이 세상에서도 그 복을 누릴 수 있도록 하십니다. 이 말씀을 끝으로 글을 마치겠습니다. 감사합니다.

"하나님과 예수님의 말씀에 순종하며
전적으로 그분을 의지하는 삶이
진정한 복의 본질임이 분명합니다."

제6장
살아계신 하나님을 고백하다

"이 글이 몇 사람에게라도 도전이 되어,
하나님의 뜻 안에서 순종하며
하나님의 향기를 드러내는 삶을 누리게 하소서.
예수님의 이름으로 기도하옵나이다.
아멘."

20 간증

20
간증

기도하시겠습니다.

"사랑이 많으시고 감사하신 절대 구원자이신 하나님 아버지! 참으로 감사하나이다.

여기에 모인 저희들 하나님을 사랑하나이다. 주님을 사랑한다고 고백케 하시오니 감사하나이다. 사랑한다면 사랑하는 이의 말씀에 순종해야 옳은 일이건만. 순종치 않을 때가 많사오니 긍휼히 여기시고 용서해 주시옵소서. '하나님 아버지', 이렇게 하나님을 아버지라고 부를 수 있는 특권을 주셨습니다. 이 특권은 이 세상에 머무는 동안 마음껏 누리길 명하셨으니 도와주시고 인도하소서. 하나님의 향기를 흠뻑 드러내게 도와주시고 인도하소서.

오늘 이 시간은 OO교회에 와 간증하려고 섰습니다. 그 동안 하나님께서 저를 얼마나 사랑하시고, 은혜 베푸셨는지 몹시 간증하고 싶었습니다. 간증을 통하여 하나님께서 우리들을 얼마나 사랑하시고 계신지 다시 깨닫게 도우시고, 하나님 뜻대로 순종하며 살아가게 도우소서. 말씀을 전할 때 교만한 모습으로 비치지 않게 도와주시옵소서.

우리를 구원해 주신 길이요 진리요 생명이신 예수님의 이름으로 기도하옵니다. 아멘."

고등학교 교사로 일하던 시절이었습니다. 작문 교과서에 **마태복음 7장 7절부터 11절의 말씀이 실려 있었습니다.** "구하라 그리하면 너희에게 주실 것이요 찾으라 그리하면 찾아낼 것이요 문을 두드리라 그리하면 너희에게 열릴 것이니라". 이 말씀이 제 마음 깊이 울렸습니다. 참으로 귀한 말씀으로 감동을 받았습니다.

그리고, 서른두 살에 교회를 처음 나가게 되었을 때, 마태복음 6장의 말씀이 제 마음 깊이 새겨졌습니다.

〈마태복음 6:21, 24, 33〉
"21 네 보물 있는 그 곳에는 네 마음도 있느니라
24 한 사람이 두 주인을 섬기지 못할 것이니 혹 이를 미워하고 저를 사랑하거나 혹 이를 중히 여기고 저를 경히 여김이라 **너희가 하나님과 재물**

을 겸하여 섬기지 못하느니라

33 그런즉 너희는 먼저 그의 나라와 그의 의를 구하라 그리하면 이 모든 것을 너희에게 더하시리라"

요즘은 시편 139편의 말씀이 제 마음에 깊이 새겨져, 가장 소중한 말씀으로 저를 이끌어주고 있습니다.

〈시편 139:1-4〉
"1 여호와여 주께서 나를 살펴 보셨으므로 나를 아시나이다
2 주께서 내가 앉고 일어섬을 아시고 멀리서도 나의 생각을 밝히 아시오며
3 나의 모든 길과 내가 눕는 것을 살펴 보셨으므로 나의 모든 행위를 익히 아시오니
4 여호와여 내 혀의 말을 알지 못하시는 것이 하나도 없으시니이다"

"**외모를 보지 않고 중심을 보신다**"는 말씀은 참으로 귀한 말씀입니다.

하나님께서는 우리를 자녀로 삼으시면서, **우리를 온전한 인격체로 만드시고, 우리의 생각과 의지, 그리고 태도를 전적으로 존중해 주십니다.** 우리가 이 놀라운 사실을 깊이 깨달아야 합니다. 하나님께서는 인간의 자유의지를 존중하시며, 우리가 성령님의 인도하심에 순종할 때까지, 하나님의 뜻을 따라 가까이 살아가려 할 때까지 기다리시고 참아 주십니다. 식당에서 인형이 "어서 오세요, 찾아주

셔서 감사합니다"라고 말하는 모습을 떠올려 보세요. 그런 '인격' 없는 인형의 말에 과연 누가 진지하게 귀를 기울이겠습니까. 그 말이 정말로 마음에 와 닿습니까?

'하나님께서는 우리가 순종할 때까지 기다리시고 인내하신다'는 사실을 꼭 기억하시기 바랍니다. 이것이 오늘 제가 전하고 싶은 말씀의 핵심입니다. 연단과 시련을 통하여 깨닫게 하시고 성령님이 도우십니다. **연단과 시련은 수만 가지여서, 그중에서는 이것이 연단인지 시련인지조차 알기 어려운 경우가 많습니다.** 하지만 **순종이야말로 가장 복된 삶이며, 믿음 생활에서 가장 중요한 자세임을** 깨달아야 합니다.

우리가 하나님의 말씀에 순종하려 할 때, 하나님께서는 우리를 그분이 계획하신 그릇으로 사용하십니다. 하나님께서는 우리를 독립적이고 의지대로 행동하는 인격체로 창조하셨다고 말씀드렸지요. 다시 강조 드립니다. 우리가 순종할 때 하나님께서는 기뻐하시며 우리를 받아주십니다. **얼마나 빨리 순종하며 살아가는지는 우리의 의지에 달려 있습니다.** 이것이 오늘 제가 전하고자 하는 간증의 핵심입니다.

성경에는 하나님께서 우리에게 "이것을 행하라, 저것도 행하라" 또는 "이것은 하지 말아라, 저것도 하지 말아라"라는 수많은 명령들이 나옵니다. 하나님께서는 우리를 인격체로 바라보시며, **우리가**

스스로 의지와 생각으로 선택할 수 있도록 자유를 주셨습니다.

다시 한번 말씀드리자면, 우리가 순종할 때 하나님께서 얼마나 기뻐하시는지 헤아릴 수 없습니다. "순종이 제사보다 낫다"라는 말씀을 얼마나 많이 들었는지 모르겠습니다. **가장 아름다운 믿음 생활은 바로 순종의 삶입니다.**

01

그럼 오늘 전하고 싶은 간증을 나누려 합니다. 그동안 얼마나 간증하고 싶었는지 모릅니다. 오늘에서야 하나님께서 드디어 허락하셨습니다.

사실 간증이 자랑이나 교만으로 비칠까 몹시 조심하고 고민하며 간증에 임합니다. 실은 40대 후반에 두 번 간증을 한 적이 있었는데, 한 번은 제가 개척한 교회에서, 또 한 번은 노회에서 주최한 목사·장로 모임에서였습니다. 그때 너무 교만해졌던 자신을 느끼고 후회하며, 그 이후로는 간증을 하지 않았습니다. 오늘도 그때처럼 교만하게 비칠까 봐 많이 떨리고 조심스러워집니다.

제가 충남 공주사범대학교를 졸업하고 공주고등학교에 교사로 임용되었을 때 스물네 살이었는데, 당시 우리 가족은 열두 명이었습니다. 아버님께서는 정년을 1년 앞두고 충남 강경에서 퇴직하셨고, 저는 4·19 이후 공주고등학교에서 4·19 부정선거 문제로 억울하게 대천수산고등학교로 좌천되었습니다. 자세한 이야기는 생략하겠습니다.

대천수산고로 좌천되어 가보니, 전교생이 67명밖에 되지 않았고, 그중 2학년만 40여 명, 1학년과 3학년은 각각 10명 내외였습니다. 어로과와 수산과로 나누어져 있어, 서류상으로는 학급이 6개로 되어 있었습니다. **그러니 생활이 전혀 제대로 되지 않았습니다. 봉급을 받으면 하숙비조차 안되어 보태서 내야 했습니다.**

그 당시, 좋은 직장은 두 군데뿐이었습니다. 학교와 은행이었죠. 학교는 봉급이 너무 적어 사친회비와 후원회비로 겨우 생활할 수 있었습니다. 모든 공무원들이 부정 없이 살아가기 힘든 시대였고, 큰 회사도 제대로 된 회사도 거의 없었습니다.

그래서 저는 **서울로 오기로 결심했습니다.** 아버님은 퇴직 후 바로 서울로 오셨습니다. 아버지께 어떻게 지내셨는지 여쭤볼 겨를도 없었습니다. 큰 남동생은 이미 서울의 한 중학교에 다니고 있었고, 큰 여동생은 중3이라 강경에서 하숙을 시켰습니다. 외할머님은 대전 친정의 먼 친척 집으로 가셨고, 나머지 가족들은 부여에 있는 할아버지 댁으로 갔습니다. 그래서 **서울로 모이기로 작정했습니다.** 저는 대학 은사님께 간곡한 편지를 올렸습니다. 그 덕분에 **서울의 한 여고에 교사로 가게 되었습니다.** 정말 기적 같은 일이었죠. 하나님께서 인도하시지 않았다면 불가능한 일이었을 것입니다.

서울에 올 수 있었던 이유는, 제가 근무하게 된 학교가 이전에 부패가 극심한 사립학교이었기 때문이었습니다. 그 학교는 교사를 채용할 때 4개월분 월급의 뇌물을 받고 부정하게 교사들을 채용했었습니다. 당시는 상상하기 힘들 정도로 취직이 매우 어려운 시절이었습니다. 4·19 이후, 모두 사표를 낼 수밖에 없는 상황에 처하게 되었고, 결국 **대한민국 최초로 신문광고를 통해 교사를 뽑게 되었습니다.**

저는 시골 공주사범대학의 국문학과를 졸업했다고 말씀드렸지요. 대학 은사님의 도움으로 겨우 시험에 응시할 수 있는 기회를 얻었습니다. 국어과만 해도 수백 명이 응시한 상황이었고, 만약 평이한 시험으로 선발했다면 갓 대학을 졸업한 초년생들이 유리했을 텐데, **학교 당국에서는 출제 교수에게 현직 교사들이 풀기 쉬운 문제를 출제하라고 요청했던 모양이었습니다.**

저는 대천수산고등학교에서 9월부터 이듬해 3월까지 6개월 동안 근무했었습니다. 그곳에서 1, 2, 3학년 전부 국어를 혼자 가르쳤지요. 그런데 이게 웬일입니까. 그 학교 채용 국어 시험에서 **고3 교과서에 나오는 '정철과 윤선도'를 가르친 사람이 유리하도록 문제가 출제되었습니다. "정 송강과 윤 고산을 비교 논하라"는 문제였죠.** 그 외에도 몇 가지 문제가 경험자에게 유리하도록 출제되었고, 사실 고3을 가르쳐본 사람만이 풀 수 있는 문제들이었습니다. 제가 대천수산고등학교에서 근무한 경험 덕분에 이 문제들을 잘 풀

수 있었습니다. 겨우 응시한 지방대학 출신이 최고 성적을 받았으니, **이 모두가 하나님의 인도하심이었습니다. 하나님께서 대천수산 고등학교에 근무케 하셨기 때문에, 그 덕분에 서울에 올 수 있었습니다.** 사실, 그 일은 기적에 가까운 일이었고, 하나님께서 쓰시고자 하시는 그릇으로 사용하시기 위한 섭리였습니다. 물론, 이 모든 일이 하나님의 섭리였음을 깨닫게 된 것은, 예수님을 믿기 시작한 후 아주 오랜 세월이 지난 뒤였습니다.

02

그럼 이제 **십일조에 대하여 말씀드리렵니다. 어떻게든 열두 명의 식구를 제가 책임져야 했습니다.** 그러니 고등학교 교사 봉급으로 얼마나 힘들었겠습니까. 누님은 이미 출가하셨고, 동생들이 일곱 명이 있었습니다. 그 동생들은 초등학교부터 중·고·대학교까지 다니고 있었고, 그들을 위한 경제적 책임을 진다는 것, 그 과정에서 겪었던 어려움은 말로 다 할 수 없을 정도였습니다. 집은 서울 서대문구 홍은동 산꼭대기에 있는 루삥집을 샀습니다. 당시 홍은동 일대는 대부분 루삥집이었는데, '루삥집'이란 기와를 올리기 전에 루삥만 쭉 씌워 놓은 형태의 집입니다. 27평의 작은 대지 위에 방 하나, 부엌 하나만 있는 집이었죠.

그래서 아랫집에서 방 한 칸을 빌리고, 옆집에서도 또 방 한 칸을 빌려 살았습니다. 그 당시 생활이 얼마나 힘들었는지 짐작이 가시겠죠. 아침은 밥을 먹고, 저녁은 죽이나 수제비로 겨우 연명하며 지냈습니다. 동생 일곱 명이 모두 학교에 다니고 있었으니, 경제적으로 얼마나 어려웠겠습니까. 힘들었던 이야기들은 이 정도로 말씀드리겠습니다. 재미있는 일들이 많았지만, 중간 이야기는 생략하도록 하겠습니다.

저는 시골의 공주사범대학 국문과를 졸업했다고 말씀드렸지요. **당시 제가 서울에서 근무하던 학교는 명문 고등학교가 아니어서 과외도 제대로 할 수 없었습니다.** 그 학교에서 6년을 근무했는데, 그 시절이 제 일생에서 가장 기억에 남고 즐거웠던 직장 생활이었습니다. 그 당시 기억에 남는 몇 가지 이야기를 나누고자 합니다. 예수님을 믿기 전이라 일요일에도 집에 있을 수 없어서 학교에 나가곤 했습니다. 서울에 온 지 얼마 되지 않아 5·16이 발생했고, 그때 여선생님은 일직을, 남선생님은 숙직을 하게 되었습니다. 어느 일요일 낮에도 학교에 와 있었는데, 일직 여선생님이 "오후에도 계시나요?" 하며 잡채밥을 시켜주고 갔습니다. 나중에는 아예 학교에 나오지도 않고 잡채밥만 시켜주었죠. 저야 얼마나 좋았겠습니까. 잡채밥을 먹으니 말이에요.

일요일에는 학생들이 상담을 많이 오곤 했습니다. 나중에는 진학 지도도 모두 제게 맡겨졌죠. 다른 담임 선생님들까지도 아예 제게 맡기더라고요. 그러니 제 인기가 어떠하였겠습니다. 이야기가 빗나갔네요.

어쨌든 그 학교에서 분에 넘치는 대우를 받았습니다. **제 이름이 신문에 실리게 되었을 때는, 그 학교도 세상에 잔잔한 명성이 퍼졌습니다.** 내용은 생략하겠습니다.

본격적으로 십일조에 관한 말씀을 드리기 전에, 학원 생활에 대해 간단히 말씀드리지 않을 수 없습니다. 제가 모 고등학교에서 근무할 때 생활은 정말 말할 수 없을 정도로 가난했다고 했지요. 하루는 대학 은사님께서 "너 이렇게 살다간 정말 큰일 나겠다"라고 하시며, 학교와 학원을 겸직하라고 권유하셨습니다. 그래서 그 학교의 야간부로 옮기고, 낮에는 종합학원에서, 저녁에는 학교에서 근무할 수 있도록 주선해 주셨죠. 이 과정에서 일어난 기적 같은 이야기들은 생략하겠습니다.

그 당시 대한민국에서 가장 유명한 대학입시 종합학원은 양영학원이었습니다. 서울대학교의 정원이 약 2,500명 정도였는데, 양영학원 출신 학생들이 그 중 500명에서 600명 정도를 차지했습니다. 학원 강사진은 대부분 서울대 교수님들, 연세대 교수님들이었고, 그 당시 대학교수들은 봉급이 매우 적어서 부수입을 위해 학원 강사로도 활발히 활동하셨습니다. 제가 양영학원에서 강사로 활동하게 된 것은 전적으로 하나님께서 도우셨기 때문이라고 믿습니다. 10년 동안 근무했는데, 제 강의는 제 스스로도 놀랄 정도로 대단한 명성을 얻었습니다. 왜 그렇게 강의를 잘 했는지에 대한 자세한 이야기는 생략하겠습니다.

양영학원을 **이어 최고의 학원으로 떠오른 곳은 종로학원이었습니다. 저는 그곳에서 29년 동안 근무했습니다.** 강사진의 대부분이 서울대 출신이었고, 저만 지방대 출신이었습니다. 학원에서는 나이가 들어가면서 인기가 점차 줄어들어 대부분 예순 살 이전에 퇴직하지만, 저는 마지막 몇 년을 원장으로 재직하며 일흔 살에 퇴직하게 되었습니다. 기적이지요. 사람들은 이를 전설적인 사건이라고 말합니다. 어떻게 29년이라는 긴 세월 동안 근무할 수 있었는지에 대한 이야기는 너무 길어 생략하겠습니다.

어찌 되었든, **제가 예수님을 믿기 전부터 하나님께서는 저를 이끌어 주셨습니다. 스물일곱에 서울에 올라와 서른두 살에 처음으로 교회에 가게 되었지요.** 그날의 기억은 아직도 제 마음속에 선명하게 남아 있습니다. 1966년 8월 21일, 제가 처음으로 교회에 발을 들였던 날이었습니다. 할머니, 외할머니, 아버지, 어머니, 동생들까지 모두 서울에 올라와 함께 교회에 나갔습니다. 이렇게 온 식구가 함께 교회에 나간 것은 분명 기적과도 같은 일입니다. **하나님께서 인도해 주시지 않으셨다면 결코 일어날 수 없는 일이지요.** 사실, 우리 가족 중 제가 가장 늦게 교회에 발을 들였답니다.

그때는 학교와 학원을 겸직할 때였습니다. 그 당시 **학원에서 강의를 할 때는 같은 시간을 가르쳐도 학교보다 약 세 배 더 많은 보수를 받았죠.** 그래서 저는 낮에만 세 개의 학원을 뛰었고, 낮 동안에만 40시간 강의를 했습니다. 그러니 **얼마나 많이 벌었는지 모릅니**

다. 정말 많이 벌었지요. 하지만 이 모든 것이 초인적인 건강을 하나님께서 주셨기 때문에 가능한 일이었습니다. 학교를 그만두고 학원 강사로만 일할 때는 아침 8시에 출근해 밤 11시에 집에 돌아오는 생활을 수십 년 동안 이어갔습니다. 그 시간 동안 하나님께서 제 건강을 지켜주셨기에 가능한 일이었다고 확신합니다. **정말 하나님께서 건강을 지켜주셨습니다.**

제 강의의 명성은 하늘을 찌를 듯 굉장했습니다. 어떻게 그리 강의를 잘 했는지에 대한 이야기는 생략하겠습니다만, 하나 말씀드리고 싶은 것은 제 목소리가 국어 선생으로서 큰 장점이 되었다는 것입니다. 저는 학원에서 국어 중 고문·고전만 강의를 했는데, 그때마다 낭낭하고 큰 목소리로 고전을 읽어 내려갈 때 그 울림이 참 인상적이었습니다. 그 당시의 분위기는 정말 대단했고, 학생들에게 깊은 인상을 남길 수 있었습니다.

이제 **십일조에 대한 간증을 나누고자 합니다.** 제가 서른두 살이던 1966년 8월 21일, 처음으로 교회에 나갔다는 말씀을 드렸지요. 그리고 **그 다음 달, 9월부터 십일조를 드리기 시작했습니다. 이름을 밝히지 않고 무명으로 드렸습니다. 정말 기적 같은 일이었죠.**

그렇다면 제가 어떻게 십일조라는 것을 알고 드렸냐고요? 그 이야기는 뒤에서 나누겠습니다. 제가 왜 앞서 학원 생활과 어려운 시절에 대해 길고 장황하게 말씀드렸냐면, **바로 그 어려운 환경 속에서**

도 십일조를 드렸으니, 기적이 아니면 무엇으로 설명할 수 있겠습니까.** 이 모든 것은 하나님께서 저를 그분의 뜻대로 원하시는 그릇으로 쓰시기 위해 그리 하신 것입니다.

실은, 제가 십일조를 시작하게 된 건, 할머님의 말씀 덕분이라고 생각합니다. 할머님께서 "얘야, 교회에 나가서 십일조인가 뭔가를 드리면 잘 살 수 있다던데, 너도 한번 해보렴" 하시던 할머님의 간곡한 권유가 떠오릅니다. 제가 네 살 때, 만 2년 6개월 만에 어머님을 잃고 할머님 품에서 자랐거든요. 얼마나 인자하신 분이셨는지, 그 사랑과 보살핌을 제가 말로 다 표현할 수 없을 정도입니다. 할머님께서는 그 끔찍하게 사랑하는 손자가 결혼도 못 하고 그렇게 고생하는 것이 안쓰러워 얼마나 걱정하셨을까요.

새어머님도 참으로 훌륭한 분이셨습니다. 십일조에 대해 알고 계셨지만, 교회에 처음 나간 아들에게 그 이야기를 꺼내기는 어려우셨겠지요.

그 당시 작은 교회라서 누가 십일조를 드렸는지는 금방 알려졌을 듯합니다. 교인 수가 약 40명 정도였으니까요. 그때 저는 십일조를 드렸지만, 솔직히 무슨 믿음이 있었겠습니까. 제가 그 교회를 떠날 때가 그 교회에 다닌 지 12년 되었을 때였는데, 전체 십일조의 삼분의 일은 제가 드린 것이었습니다.

앞에서도 강조했습니다만, **저는 하나님께서 우리를 온전한 인격체로 만드시고, 우리가 스스로 선택할 수 있도록 하셨다고 믿습니다.** '네가 하든, 하지 않든' 결정은 우리 의지에 달려 있다는 것이지요. 성경에 얼마나 많은 '하라' 또는 '하지 말아라'라는 말씀이 있습니까. 하지만 **하나님께서는 우리가 그 말씀을 따를 때까지 기다려 주십니다.** 정말 인내의 하나님이시지요. 우리가 깨달을 수 있도록, 때로는 질병을 통해, 때로는 연단과 시련, 다양한 고난을 통해 우리를 기다리십니다.

03

그러면 이제 세 번째로, 현재 홍제동교회가 세워진 과정에 대해 말씀드리겠습니다.

처음 출석했던 그 교회에서 부득이하게 나올 수밖에 없었고, 홍제동교회를 세운지 40년이 흘렀습니다. 왜 그 첫 교회를 떠나게 되었는지는 생략하겠습니다. 다만, **현재의 홍제동교회 예배당 건물을 세운 과정에 대해서만큼은 꼭 말씀드리고 싶습니다.**

현재 우리 홍제동교회가 세워진 때는 1981년 6월 21일입니다. 그 해 여름, 8월 30일에 전두환 정권은 과외를 전면적으로 규제시켰습니다. 그 덕분에 교회에서 가는 산기도를 난생 처음 함께 갈 시간이 나서, 저도 따라갔습니다. 그런데, 그동안 제대로 기도 생활을 하지 않았으니, 기도가 잘 될 리가 없었지요. 아무튼 그 당시에는 산기도를 가면 월요일에 출발해 토요일에 돌아오는 것이 일반적이었습니다. 마지막 금요일 밤이었습니다. 그때, 저는 이런 기도를 했습니다. **"그러면 예배당 건물은 언제 짓게 되나요?"** 그 말만 되풀이했습니다. **가슴이 터질 것만 같았고, 그때 '5년'이라는 생각이 문득 떠오르더군요**. "아, 하나님, 5년이라구요? 하나님, 너무 깁니다, 너무 깁니다." 그 말만을 되풀이하며 부르짖었습니다. 그 이튿날 아침, 마지막 예배를 마치고 일어나려는데, 송준섭 권사님께서 다가오시며 말씀하셨습니다. "어제 밤에 무슨 기도를 그렇게 하셨어요? 너무 깁니다, 너무 깁니다만 하시던데요."

 그 후 4년이 지나는 동안, 예배당 건축 문제는 한 번도 생각이 나질 않았습니다. 그동안 교인은 30여 명 정도인데다가, 두 분의 목사님을 떠나보내고 세 번째 목사님이신 이영도 목사님을 모시게 되었으니, 무슨 예배당 건축을 생각할 겨를이나 있었겠습니까. 목사님들께서 떠나신 일에 대해서는 여기서 자세히 말씀드리기 어려운 부분이 있습니다. **그러던 어느 날, 제 누이동생이 이렇게 말했습니다.** "오빠, 5년이 얼마 안 남았어요." 그제야, 4년 만에 처음으로 예배당 건축 문제가 생각났습니다.

 그런데, 이게 웬일입니까. **기적이 일어난 것이었습니다.** 점심을 먹고 있던 중, 대학 선배 한 분이 제 곁에 와서 잡담을 나누고 있었습니다. 그러다가 그분이 "그럼 언제 교회를 짓게 돼?"라고 물으셨고, 저는 "돈이 있어야지요"라고 대답했습니다. "얼마나 드는데?"

라고 다시 묻자, "2-3억은 있어야지요"라고 답했지요. 그 선배는 잠시 자리를 떠나 전화를 받으러 갔고, 돌아와서는 저에게 전화를 받으라고 하셨습니다. 전화 상대방이 "박 선생님이 대출을 부탁하시는데, 한번 시간이 있을 때 들르라"는 것입니다. 그래서 저는 오후 수업을 팽개치고 양재동 산업은행으로 달려갔습니다. 제가 자리에 앉자마자, 상대방, 즉 그 산업은행 지점장은 "이거 어떻게 해야 하나요? 죄송해서..."라고 말했습니다. 그래서 저는 안되는 줄 알고, "말씀이라도 들어보지요"라고 했습니다. 그 지점장 왈, "실은 박 선생님이 1억을 대출해 주라고 하셨는데, 제 힘으로는 5천만 원 밖에 해드릴 수 없어요."

그때 제가 얼마나 놀랐겠습니까. 지금으로부터 40여 년 전 일입니다. 지금도 5천만 원을 대출받는 것이 쉽지 않은데, 그 당시 5천만 원이라니... 상상해 보세요. 교회가 세워진 지 4년 반쯤 되었을 때, 제 통장에 이렇게 해서 5천만 원이 들어왔으니... 기적이지요. 정말 기적이었지요.

5년째 되던 해 새해 첫 주일, 이전 교회에 다니시던 장로님 한 분이 저희 교회로 옮겨 오셨습니다. 그분께서 "언제 예배당을 지을 계획이 있냐"라고 물으셨고, 저는 "그럼 교회 부지를 한번 알아봐 달라"라고 부탁드렸습니다. 그랬더니 그 장로님께서 매우 놀라시는 겁니다. 어쨌든 그 후, 105평 부지를 1억 5백만 원에 계약하게 되었습니다. 만약 대출받은 5천만 원이 없었다면, 교회 부지를 어떻게 알아봐 달라고 했겠습니까. 어떻게 시작할 수 있었겠습니까. 이 모든 것이 기적처럼 이루어진 일입니다.

  제가 일 년 중 그나마 시간적으로 여유가 있는 기간이 1월과 2월 중순까지였습니다. 이는 학원 강사에게 1월과 2월이 상대적으로 시간이 나기 때문입니다. 그때, 교회 부지 계약을 마무리한 후, 적금을 든 1천만 원짜리 통장을 들고 서대문 국민은행을 찾아갔습니다. 그곳에서 차장은, "천만 원짜리 적금으로 어떻게 3천만 원을 대출받을 수 있겠냐"라고 하더군요. 그래서 지점장을 만나게 해 달라고 부탁했더니, 지금은 지점장이 외출 중이니 다음에 오라고 하는 겁니다. 그때, 버스 정류장으로 향하고 있는데, 뒤에서 그 차장이 급히 저를 따라오더니, "지점장이 방금 들어왔으니, 내일 헛걸음하지 마시고 지금 만나보세요"라고 하더군요. 지점장님은 제 통장과 부지 계약서를 한참 살펴보신 후, 아마 약 30초 정도 생각하시더니 "해가세요"라고 하시는 거예요. 기적이지요. 여러분도 믿기 어려우시죠? 하지만 정말 하나님께서 도우시지 않으셨다면 도저히 일어날 수 없었을 겁니다.

  그래서 그다음에는 대학 동창이 있는 은행을 찾았습니다. 대학을 졸업한 지 수십 년이 지났고 전공도 다른 과였지만, 그 동창은 일주일 후에 와 보라고 하더군요. 그동안 제 신상에 대해 알아봤을 테지요. 담당 직원의 반대에도 불구하고 결국 1천만 원을 대출받게 되었습니다. 마지막으로, 직장 내 상조회 담당 선생님께도 부탁을 드렸습니다. 상조회 기금이 전부 합쳐도 천만 원이 안 되는데, 어떻게 1천만 원을 대출해 달라는 건지... 하지만 그 선생님께서도 도와주셔서 결국 1천만 원을 마련해 주셨습니다. **1, 2월 한 달 반 만에, 이렇게 나머지 오천만 원을 모두 준비하게 된 것입니다. 정말 하나님의 은혜가 아니었다면 불가능한 일이었습니다.** 여러분도 믿기 어려우시죠?

 교회를 현금으로 짓게 되면 약 2할 정도 비용이 절감된다고 하여, 저는 직장 동료들의 도움을 받아 예배당을 건축하게 되었습니다. 저는 직장 동료들에게 "당신, 토요일까지 500만 원", 어떤 동료에게는 "300만 원 (이자는 못 드립니다)..." 이런 식으로 현금을 모았습니다. 아무도 거절하지 못했습니다. 당장 본인들 손에 현금이 없어도, 돈이 없다라며 거절할 수는 없었던 모양입니다. 예배당 의자도 역시 직장 동료들이 마련해 준 것입니다. 아! 정말로 이 모든 것이 하나님의 은혜가 아니었으면 불가능한 일이었습니다. 이것이 제가 한 일일까요? 아닙니다. 하나님께서 저를 도구로 사용하신 것입니다.

 하나님께서 예배당 건물을 주시겠다고 하신 지 정확하게 5년이었습니다. 정말 기적이었지요. 단 한 번의 기도만 드렸을 뿐인데, 모든 것이 하나님께서 하신 일이었습니다.

04

　간증할 거리가 수만 가지가 있습니다. 집을 구입할 때의 기적, 아내와의 결혼 이야기만 간단히 더 나누고 마치겠습니다. 제가 솜리와 안양 등에서 교회를 개척한 이야기나 해외 선교에 대한 이야기도 생략하겠습니다. 해외 선교에 관한 이야기는 저도 믿을 수 없을 정도입니다. 오직 하나님만이 모든 것을 아십니다. 저는 그 이야기를 아무에게도 제대로 나눈 적이 없습니다. 왜냐하면, 아무도 믿어주지 않을 테니까요. 지금 간증을 하면서도 두렵습니다. 교만하게 비치지 않을까 걱정입니다. 또 몇 가지 이야기는 말하기가 어려워 생략하겠습니다.

　결혼 이야기를 나누겠습니다. 저는 시골에서 초등학교, 중학교, 고등학교, 그리고 대학까지 다녔습니다. 그 당시에는 결혼을 일찍 하는 경우가 많았습니다. 중학교 시절은 잘 기억이 나지 않지만, 고등학교 때 몇몇 친구들은 결혼을 했습니다. 대학 시절에는 다섯 중 한 명은 결혼을 했던 것 같습니다.

　저는 서른다섯에 결혼을 했습니다. 그 시절 기준으로는 정말 만혼 중의 만혼이었지요. 생각해 보세요, 열두 식구 중 제가 동생 일곱을 초등학교부터 대학까지 책임지고 있었으니, 누가 중매를 섰겠습니까. 누님조차도 중매를 서지 못하셨습니다. 겨우 권하신 분들은 대학 은사 두 분과 직장의 교감 선생님들뿐이었고, 친구나 직장 동료들은 결혼 이야기를 꺼내는 분이 아무도 없었습니다.

그러던 중, 그 당시 충남 부여에서 재보궐 선거가 있었습니다. 제 재당숙모께서 서울에서 선거운동을 위해 부여군 홍산으로 내려가셨습니다. 마침 제 장모님과는 여학교 선후배 사이였지요. 오랜만에 시골에 내려가니 선거운동을 바로 시작하기 쉽지 않으셨던지, 여러 대화를 나누던 중 재당숙모께서 장모님께 "은숙이 결혼 안 시켜요?"라고 물으셨습니다. 장모님은 재당숙모께서 선거운동을 바로 시작하기 어려워서 그냥 하는 말인 줄 아시고, 지나가는 말로 "좋은 신랑 있으면 중매 서봐"라고 답하셨습니다. 그렇게 시작된 대화가 계기가 되어, 석 달 만에 결혼식을 올리게 된 것입니다.

장인, 장모님은 세상 물정을 전혀 모르시고 사신 분들입니다. 장인어른께서는 여섯 누님 밑에 막내로 태어나 부유한 가정에서 자라셨고, 장모님 역시 부유한 가정에서 자라셨습니다. 고부간의 갈등이나 시누이와의 갈등 같은 문제는 전혀 모르셨습니다. 그래서 결혼이 가능했던 것 같습니다. 계모가 어떻고, 동생들이 많고 하는 것들은 전혀 결혼 조건으로 고려되지 않았던 거지요. 오직 신랑이 교회에 나가고 십일조도 잘 한다니, 그 점만이 중요했을 뿐입니다. 물론, 우리 두 사람이 서로에게 끌리지 않았다면 결혼이 성사되지 않았겠지만요.

헌데 실은, 장인어른과 장모님께서 며칠 동안 교회에 가셔서 철야기도를 하셨답니다. 딸의 혼인 문제를 두고 말입니다. 그리고 그 기도의 마지막 날에 제 재당숙모께서 장모님을 찾아오신 것입니다.

이런 상황을 생각하면, 정말 하나님께서 저에게 맞는 배우자를 짝지어 주셨다는 생각이 듭니다. 흔히 '마누라 자랑은 팔불출'이라지만, 저는 감히 말씀드릴 수 있습니다. 제 아내는 정말 훌륭한 사람입니다. 그 이유를 물으신다면, 무엇보다도 아내는 시댁에 생활비를 얼마를 보내든, 동생들의 학비를 어떻게 마련하든, 결혼 준비에 얼마를 쓰든 언제나 저를 편안하게 해주었습니다. 제가 교회를 짓는 데 얼마를 헌금하든, 해외 선교를 위해 얼마를 보내든 늘 밝은 표정으로 저를 응원해 주었습니다. 그 모든 과정에서 오직 아내로서, 엄마로서, 교회 집사·권사로서 충실하게 자신의 역할을 다하며 살아왔습니다. 이 모든 것이 다 하나님의 은혜라고 하지 않을 수 없습니다. 하나님께서 주신 그 은혜로, 이렇게 훌륭한 배우자와 함께 할 수 있었음을 고백합니다.

다시 한번 강조 드리지만, 제 아내의 전적인 협조와 도움이 없었다면 저는 평생 동안 이 모든 일들을 감당할 수 없었을 것입니다. 하나님께서 제게 허락하신 가장 큰 축복은 바로 현숙한 아내를 배필로 주신 것입니다. 아내는 언제나 저를 믿고 따르며, 제가 주어진 사명을 감당할 수 있도록 기도와 지지로 함께해 주었습니다. 이 모든 것은 하나님께서 예비하신 은혜로 가능했음을 고백하며, 하나님께, 그리고 아내에게 늘 감사하며 살아가고 있습니다.

05

꼭 간증하고 싶은 것이 또 있습니다. **바로 처음 교회를 개척하고**

세운 이야기인데, 제 삶에서 하나님께서 일하신 가장 강력한 증거 중 하나이기에, 꼭 간증하고 싶은 부분입니다.

서른두 살에 처음 교회에 나가 6년 6개월 만에 장로가 되었다는 것은 정말 놀라운 은혜입니다. 특히 바쁜 생활 속에서 주일 오전 예배만 드렸음에도 불구하고 하나님께서 저를 장로의 직분으로 세워 주셨다는 사실은 하나님의 특별한 계획과 인도하심 없이는 설명할 수 없는 일입니다. 당시 저는 교사나 회계와 같은 역할을 전혀 해본 적이 없는 상태였습니다. 다만, 1월과 2월에만 시간이 조금 여유로워 수요예배와 금요기도회에 참석할 수 있었습니다. 제 일상은 아침 8시에 집을 나서서 밤 11시경에야 집에 돌아오는 아주 바쁜 생활을 할 때였습니다. 낮에만 40시간 강의를 뛰니 한 시간도 빈틈없이 여러 학원을 전전하며 강의할 때였습니다. 몇십 년을 그렇게 지냈으니 기적이지요. 하나님께서 저에게 특별한 건강을 주셨고, 모든 것을 항상 인도해 주셨습니다.

그런데 갑자기 장로가 된 것입니다. 당시 교회에는 두 분의 장로님이 계셨는데, 한 분은 아버님이셨고, 다른 한 분은 노장로님이셨습니다. 그 노장로님이신 방 장로님께서, 목사님은 생각지도 않으시는데 교인들을 설득해 저를 장로로 세우셨습니다. 그야말로 하나님의 섭리였다고 생각합니다.

직장 동료 장로님들께 여쭤보니, 그분들께서 "그릇이 필요해 장로로 세우는 것이니 이제부터 그 안을 채워 나가라"는 격려의 말씀을 주셨습니다. 그 말씀이 저에게 도전이 되어, 장로로 취임하기 전에 저는 방 장로님께 "시골에 있는 약한 교회를 돕고 싶다"라고 말씀 드렸습니다. 그리고 장로 장립 직전에 어느 시골 교회에 요즘 돈으로 몇십만 원을 보내기 시작했습니다. 장로가 된 후에는 목사님께 부탁드려 약한 시골교회 몇 군데를 계속 도왔습니다.

목사님께서 지나가는 말로 "어느 시골 교회에서 몇 분이 신학교에 찾아와 자기 마을에 교회를 세워 달라고 했다"라는 이야기를 해주셨을 때, 그 말씀을 듣는 순간, 돌아와 아내와 상의한 후, 그 교회를 세우기로 결단했습니다. 그렇게 해서 세운 교회가 바로 지금의 경상도 점촌교회입니다. 이후, 우리 교회 목사님의 동서분도 목사님이셨기에, 그분을 점촌교회 초대 목사로 보내게 되었습니다.

1,000평 대지인데, 야트막한 동산이었습니다. 몇십 평의 교회 건물과 사택을 동시에 건축하였고, 나머지 땅은 그 후 또 다른 교회를 개척하기 위해 팔아 사용했습니다. 이 정도로 간단히 말씀드리지요. 이것이 제가 한 것입니까? 하나님께서 저를 도구로 사용하신 거지요.

06

마지막으로 집을 구입한 과정을 간증하고자 합니다. 우리 삶에서 의식주 문제는 정말 중요한 부분이지요.

결혼한 지 5-6년쯤 지나서 처음 집을 샀습니다. 제 대학 동창 한 친구가 제 아내를 통하여 이웃집에서 40만 원을 빌려 갔습니다. 빌려주는 조건은 6개월 이상 쓸 것, 일시불로 갚을 것이었습니다. 그런데 몇 개월이 지나서 30만 원만 갚겠다고 가져왔습니다. 그때 상황이 난처했습니다. 그러던 중 아내가 "우리 집을 사보자"라고 했고, 그렇게 해서 400만 원에 결혼 후 첫 집을 구입했습니다. 홍제동 문화촌의 50평 대지에 위치한 양옥집이었고, 그 동네에서는 좋은 집이었습니다.

그 30만 원으로 계약을 마친 후, 중도금을 마련하려고 집주인 노부부를 찾아가, "등기를 해주시면 집을 담보로 대출을 받아 중도금을 치르겠다"라고 말씀드렸더니, 집주인께서 말씀하시기를, "계약만 하고 집을 등기해 달라고 하는 것은 세상에 그런 일은 있을 수 없다"라고 하셨습니다. 그러시면서 "젊은이가 사기를 칠 사람 같지는 않다는 것은 알겠지만, 세상사 그리 안된다"라고 말씀하셨습니다. 저는 "죄송합니다. 세상사를 잘 모르고 부탁드린 것입니다"라고 말씀드리고, 그리고 바로 아내와 대문을 나섰습니다. 그러자 노부인 안주인께서 "그런 중대한 일을 한 번 거절한다고 그대로 돌아가느냐" 하시는 겁니다. 그 부인 덕분으로 등기를 내어 대출을 받아 중도금을 치렀습니다. 잔금은 다른 과 대학 후배가 자진해서 자기 집을 담보로 해결해 주었습니다. 하나님께서 도우시지 않았으면 이루어질 수 없는 일들이었습니다.

현재 살고 있는 집은 구입한 지 벌써 41년이 되어갑니다. 그 구입 경위는 생략하겠습니다만, 그 과정에도 물론 하나님께서 도와주셨습니다. 다만 이 집이 없었다면, 홍제동교회 부지 구입이 불가능했을 것입니다. 이 집이 있었기에 은행에서 그 많은 돈을 대출받을 수 있었지요. 이 정도로 집에 대한 이야기를 마치겠습니다.

07

전도에 대해 말씀드리지 않을 수 없습니다. 오십 대 후반에 5년 동안 매주 전도 엽서를 50여 명에게, 주로 직장 동료나 동창들에게 보냈습니다. 그 엽서에 제 자필로 몇 마디를 덧붙여 보냈죠. "땅 끝까지 전도하라"는 말씀을 마음에 새기며 실천했던 시간들이었습니다. 물론 성령님께서 인도하셨기에 가능한 일이었죠. 몇 분이 교회에 나간다고 할 때, 그 기쁨은 말로 표현할 수 없었습니다. "거두시는 이는 하나님이시니"라는 말씀처럼, 우리 부부는 남은 생애 동안 전도에 힘쓰기로 기도하고 있습니다.

08

현재 홍제동교회에서 제가 어떤 믿음 생활을 하고 있는지 간략하게 말씀드려야 되겠습니다. 몇몇 분은 대략 알고 계시겠지만, 교만한 마음에서 드리는 것이 아닐까 매우 조심하며 말씀드립니다.

우리 홍제동교회가 세워진 이후 제 믿음 생활 이야기입니다. 저는 주일예배, 수요예배, 금요기도회 등 공예배에 해외방문이나 병원에 입원하는 경우 외에는 거의 빠진 적이 없습니다. 특히 새벽기도회에 우리 부부는 꼭 참석하고 있습니다. **십여 년 전부터는 새벽 3시 반에 일어나 성경을 읽고 한차례 기도한 후, 간단한 요기와 스트레칭을 하고 새벽기도회에 참여하고 있습니다.** 지난해 가을부터는 저녁 식사 후 TV를 보지 않고, 기도한 후 잠자리에 듭니다.

"항상 기뻐하라. 쉬지 말고 기도하라. 범사에 감사하라." 이 말씀을 어느 정도 실천하고 있습니다. 이 모든 것이 하나님이 저를 잘 인도해 주셨기 때문임을 다시 한번 고백하지 않을 수 없습니다. 꼭 말씀드리고 싶은 간증이 있지만, 제 믿음이 아직 그 깊이에 이르지 못해 말씀드리지 못하겠습니다. 제가 어떤 사람일까를 골똘히 생각할 때나 유혹에 빠지려 할 때는, 낭떠러지에서 또는 나무에서 떨어뜨리시거나 산에서 넘어지게 하시는 연단과 시련을 주십니다. 이 정도로 말씀드리겠습니다.

간증을 마치렵니다.

앞서 말씀드린 것처럼, 하나님은 우리를 온전한 독립된 인격체로 만드셨기에, 우리의 의지와 생각을 전적으로 존중하십니다. 그래서 우리가 우리의 의지를 가지고 '하라', '하지 말아라'라는 하나님의 말씀에 순종하는 것이 가장 복된 삶입니다.

순종이야말로 가장 아름다운 믿음 생활입니다. 진실로 섬기는 것이 중요합니다. 하나님 말씀에 절대 순종합시다. 그 말씀에 순종할 때 많은 복을 받습니다. 평강과 감사가 넘치는 삶을 누리게 됩니다. 속된 말로, 절대로 잔꾀를 부려서는 안 됩니다. 하나님은 모든 것을 다 아십니다.

사랑하는 성도 여러분!
하나님을 어떤 분이시라고 생각하십니까?

그분은 수많은 모습으로 나타나십니다. 창조주시며, 생사화복을 좌우하시는 분이십니다. 스스로 계시며, 아니, 안 계신 곳이 없으신 분이십니다. 독생자 예수님을 십자가에 달아 우리를 구원해 주신 사랑의 하나님이십니다. 다 셀 수가 없지요.

저는 서두에서도 말씀드렸듯이, 시편 139편의 말씀을 두려운 마음으로 늘 묵상하고 있습니다.

〈시편 139편 2-3〉
"2 주께서 내가 앉고 일어섬을 아시고 멀리서도 나의 생각을 밝히 아시오며
3 나의 모든 길과 내가 눕는 것을 살펴 보셨으므로 나의 모든 행위를 익히 아시오니"

위 시편 말씀이 '전지전능하신 하나님'이란 말씀으로 이해되는데,

왠지 저는 달리 느껴집니다. 하나님께서 단지 전능하고 전지하신 분이라는 뜻뿐만 아니라, 우리가 겪는 모든 상황을 정확하게 아시고 함께 하시는 분이라는 느낌을 받습니다. 그래서 '전지전능함'에 더해, 그분의 깊은 공감과 배려가 느껴지는 부분이죠. 하나님은 단순히 우리의 상태를 아는 것이 아니라, 우리와 동행하시며 그 마음을 아시는 분이기 때문에 더욱 큰 위로와 믿음을 주는 것 같습니다.

〈에베소서 6:1-3〉
"1 자녀들아 주 안에서 너희 부모에게 순종하라 이것이 옳으니라
2 네 아버지와 어머니를 공경하라 이것은 약속이 있는 첫 계명이니
3 이로써 네가 잘되고 땅에서 장수하리라"

여기서 '부모' 대신 '하나님'으로 바꿔보세요. 부모를 잘 공경해도 큰 복을 받는데, 하물며 '하나님'을 잘 경외해 보세요. 얼마나 큰 복을 받겠습니까.

하나님은 **'공평의 하나님이십니다.' '정의의 하나님이십니다.'** 하나님은 말씀에 잘 순종하고 잘 믿는 사람과 그렇지 않은 사람을 똑같이 대하지 않으십니다. 이는 하나님께서 공정하시고 정의로우시기 때문입니다. 끝까지 말씀을 들어주셔서 감사합니다.

기도하십시다.

"하나님 아버지! 참으로 감사합니다. 준비한 말씀을 다 드리지 못했으나, 간절히 간증하고 싶었던 말씀을 전할 수 있게 허락하신 은혜에 다시 감사하나이다. 이 글이 몇 사람에게라도 도전이 되어, 하나님의 뜻 안에서 순종하며 하나님의 향기를 드러내는 삶을 누리게 하소서. 예수님의 이름으로 기도하옵나이다. 아멘."

"우리가 하나님의 말씀에 순종하려 할 때,
하나님께서는 우리를 그분이 계획하신 그릇으로 사용하십니다."

하나님과
동행하는
첫걸음

초판 1쇄 2025년 4월 21일 발행
지은이 백주현
펴낸이 김용환
디자인 김지은
발행처 ㈜작가의탄생
출판등록 제 2024-000077호
임프린트 하이지저스
주소 18371 경기도 화성시 병점노을5로 20 골든스퀘어2 1407호
대표전화 1522-3864
전자우편 we@zaktan.com
홈페이지 www.zaktan.com
ISBN 979-11-394-2140-8

* 하이지저스는 ㈜작가의탄생의 기독교 출판 임프린트입니다. 이 책 내용의 전부 또는 일부를 이용하려면 반드시 저작권자와 ㈜작가의탄생의 서면동의를 받아야 합니다.
* 잘못된 책은 바꿔드립니다.
* 책값은 뒤표지에 있습니다.